Hartmut Heinemann, Sonja Morawietz
Best of Wiesbaden

D1735837

HARTMUT HEINEMANN
SONJA MORAWIETZ

BEST OF
WIESBADEN

DIE STADT ENTDECKEN

SOCIETÄTS
VERLAG

Alle Rechte vorbehalten · Societäts-Verlag
© 2017 Frankfurter Societäts-Medien GmbH
Satz: Julia Desch, Societäts-Verlag
Umschlaggestaltung: Julia Desch, Societäts-Verlag
Umschlagabbildung: © pure-life-pictures - Fotolia.com,
© Jörg Hackemann - Fotolia.com
Druck und Verarbeitung: CPI books GmbH, Leck
Printed in Germany 2017

ISBN 978-3-95542-244-8

Inhalt

Best of Wiesbaden

Wiesbaden und das gewisse Etwas

Wiesbaden – die Stadt an den heißen Quellen, einst Kur- und Spielbankmekka, ist heute eine moderne Metropole und internationale Messe- und Kongressstadt, die noch weitaus mehr zu bieten hat: eine vielfältige Kulturszene, prächtige historische Häuser, eine gute Portion Exklusivität und viel kreatives Potenzial! Best of Wiesbaden versteht sich als ein Reiseführer, der die besten Adressen aus den Bereichen Gastronomie, Shopping, Kultur und Erleben für euch zusammenträgt. Neben den touristischen Hotspots, die man gesehen und erlebt haben muss, besuchen wir In-Locations, in denen der Puls der Zeit schlägt. Wohlgemerkt kann es sich hierbei nur um eine persönliche Auswahl handeln.

Genuss steht in Wiesbaden seit jeher hoch im Kurs, deshalb verraten wir euch, wo es die besten Restaurants, die trendigsten Cafés und Spezialitätengeschäfte gibt – von exklusiv über traditionell bis hin zu kreativ und hip. Aber genussvoll leben, heißt hier – an den Pforten zum Rheingau – auch, zu wissen, wie man richtig feiert, so wie etwa beim größten Weinfest der Region. Was wäre Wiesbaden ohne seine Einkaufsstraßen? Wir nehmen euch mit, um abseits der ausgetretenen Touristenpfade Geschäfte und Manufakturen zu entdecken, die das gewisse Etwas haben und von der Kreativität in der Stadt zeugen. Kulturelle Häppchen möchten wir euch auch nicht vorenthalten. Ob das über die Landesgrenzen bekannte Staatstheater oder das Kurhaus und Spielkasino: Hier muss man einfach mal gewesen sein.

24 Stunden Wiesbaden

10.00 | Frühstück bei Du & Ich

Den Tag starten kannst du am besten mit einem guten Frühstück im Du & Ich. Bei einem cremigen Cappuccino und einem belegten Panino lassen sich die Pläne für den Tag besonders gut schmieden.

11.00 | Kurpark

Gestärkt passiert ihr den viel befahrenen Pracht-boulevard Wilhelmstraße und lasst das Ensemble von Bowling Green, Kolonnaden-Hallen (die längsten Europas) und Kurhaus (s. S. 152) auf euch wirken. Das Wahrzeichen Wiesbadens ist ein beliebtes Postkartenmotiv und stellt v. a. abends eine ganz besondere Kulisse dar. Der dahinterliegende Park (s. S. 166) ist zu jeder Jahreszeit einen Spaziergang wert, nicht nur dank der vielen exotischen Bäume. Im Sommer kannst du hier im Biergarten ein kühles Blondes genießen oder ‚Böötcher' fahren. Aber auch ein kleiner Spaziergang rund um den Kurpark liefert bestimmt die nötige Energie für die bevorstehende Shoppingtour.

12.00 | Shopping: Taunus- und Nerostraße und Schiffchen

Vom Kurpark geht es über die Sonnenberger Straße in Richtung Taunusstraße. Diese lockt alle Kunst- und Feinsinnigen mit Antiquitätengeschäften und Galerien, z.B. mit der Gallery 21. Einrichtungsgeschäfte wie die Casa Nova oder die Villa Bianca (Taunusstraße 24) bieten Schönes für ‚dahaam' – auch für den kleineren Geldbeutel –, das beste Holzofenbrot und andere Leckereien gibt es im Bioladen (Taunusstraße 26), der in der exklusiven Nachbarschaft ein wenig aus dem Rahmen fällt.

Mehr Szene erlebt ihr in der parallel verlaufenden Nerostraße: Das Buch-Café Nero 29 (s. S. 116) bietet besondere Literatur, und gute Kaffees to go oder für zu Hause locken bei Kaufmanns Kaffeerösterei (s. S. 106). Wen es jetzt nach Süßem gelüstet, schaut bei Dale's Cake (s. S. 36) vorbei: Diese außergewöhnlich leckeren Cupcakes – geschmacklich wie optisch eine Wucht – sind in ganz Wiesbaden heißbegehrt.

Über die Saalgasse und nach einem kurzen Besuch bei den Luxusperlen (s. S. 112) geht es zum Kochbrunnen (s. S. 164). Ein Schluck des Heilwassers gehört ebenso zum Must-Do wie ein Rundgang durchs Schiffchen. Aber zuerst braucht ihr eine Stärkung.

14.00 | Karim's

Wer jetzt so richtig auf den Geschmack gekommen ist, schaut bei Karim's vorbei. Für eine leichte und leckere Vorspeise mittags oder auch für mehr ist Karim's immer eine gute Adresse. Die frischen, mit Gewürzen aus 1001 Nacht verfeinerten Speisen

schmecken unglaublich, und auch das Ambiente – edel und orientalisch – überzeugt. Unbedingt probieren solltet ihr den Vorspeisenteller oder die saftig-würzige Tajine.

Frisch gestärkt macht ihr euch auf den Weg ins „Schiffchen" mit den kleinen, kopfsteingepflasterten Gässchen, individuellen Lädchen und Restaurants. Besondere und originelle Souvenirs gibt es bei StadtStück (s. S. 122) oder im Fair Trade-Laden Contigo (Mühlgasse 15, www.wiesbaden.contigo.de), Schokoladenträume werden dagegen bei xocoatl (s. S. 126) erfüllt. Und wer noch nach exotischen Gewürzen sucht, wird sicherlich bei Gewürz Müller (s. S. 104), einer Wiesbadener Institution, fündig.

Jetzt noch einen kleinen Abstecher zur Kuckucksuhr (s. S. 140), die mittlerweile nicht mehr den Titel „größte Kuckucksuhr der Welt" für sich beanspruchen kann, sich aber als Fotomotiv immer noch gut macht.

16.30 | Fahrt mit der Thermine

Zurück am Marktplatz geht es mit der kleinsten Bummelbahn in einer 1-stündigen Rundfahrt zu den schönsten touristischen Hotspots der Stadt. Vorbei geht es am Kurhaus und den historischen Villen mit schöner Aussicht hinauf zum Neroberg. Der Hausberg der Wiesbadener kann nicht nur mit einem fantastischen Panoramablick überzeugen; die kurze Pause nutzt ihr am besten, um die russisch-orthodoxe Kirche zu besuchen, die von Weitem gülden mit der Sonne um die Wette leuchtet oder ihr gebt euch am Monopteros das Ja-Wort.

18.30 | Hotel Klemm

Vom Marktplatz geht es ins Hotel Klemm (s. S. 18), wo höchstwahrscheinlich eine haarige Hoteldame schwanzwedelnd am Empfang wartet. Das denkmalgeschützte Jugendstilgebäude überzeugt durch sehr nette Gastgeber, außergewöhnliche Zimmer und ein reichhaltiges Frühstücksangebot.

19.30 | Kaiser-Friedrich-Therme

Nach einem ereignisreichen Tag ist Entspannung mehr als willkommen. Und wo könnte man das besser als in einer Therme? Modernstes Wellness- und Spa-Angebot mit einer Vielzahl an

Möglichkeiten, und das in einem Badepalast nach antikem Vorbild! So kann man es sich gut gehen lassen.

22.00 | Wiesbaden at Night

Einen After-Work-Drink gönnt man sich am besten im I-Punkt (s. S. 79). Im edlen Ambiente mit Kurhauskulisse im Hintergrund lässt sich der Feierabend bestens genießen. Wer ein wenig mehr Lounge-Charakter bevorzugt, sollte bei manoamano (Taunusstraße 31) vorbeischauen.

Hotels

Die Auswahl an Übernachtungsmöglichkeiten in der Landeshauptstadt ist enorm: Von Hotels über Pensionen bis hin zu Appartements ist für jeden Geschmack und Geldbeutel etwas dabei. Einige exquisite Hotels versuchen die Tradition der ehemaligen Grandhotels am Leben zu halten, andere, zum Teil noch inhabergeführte Häuser, schlagen neue kreative Wege ein.

Wir haben eine Auswahl der besten Betten getroffen. Ein Kleinod, das sehr zentral liegt, ist das Hotel Klemm (s. S. 18), in dem ihr euch garantiert bestens aufgehoben fühlt, nicht nur wegen des ausgefallenen Interieurs, sondern auch wegen der liebenswerten tierischen Hausdame. Dem Charme eines Grandhotels mit viel Geschichte und Geschichten kann man im ältesten Hotel der Stadt, dem Schwarzen Bock (s. S. 22) nachspüren. Das authentisch-historische Ambiente des Badhauses mit modernem Spa-Bereich und eigenem Heilwasser lässt keine Wellness-Wünsche offen. Wer sich dagegen nicht nur luxuriös und stilsicher betten, sondern auch noch kulinarisch verwöhnen lassen möchte, ist im Trüffel (s. S. 26) an der richtigen Adresse. Das Hotel wartet mit einem erstklassigen mediterranen Restaurant in Martinos Kitchen auf; Geschenkideen für daheim und Daheimgebliebene wird man ganz sicher im hauseigenen Feinkostladen finden.

Hotel Klemm

Darf es ein wenig Glööckler- oder Rosamunde Pilcher-Chic sein? Oder vielleicht doch lieber Waldhausambiente? Die Rede ist hier von unglaublich-ungewöhnlichen 63 Zimmern, die Hotelfachfrau Lowell seit ihrer Übernahme 1999 mit viel Liebe fürs Detail und einer großen Portion Kreativität individuell gestaltet hat. Rosentapete und heimeliger Landhausstil, wohin das Auge reicht oder Totenkopf-Lampe und pinke Tapeten mit der obligatorischen Glööckler-Krone, alles pompös und ein wenig schrill. Wiedererkennungswert, vor allem nach dem Augenaufschlagen, ist dabei garantiert!

Von dem einstigen, angestaubten Chic der 70er Jahre und der Gelsenkirchener Barockmöbel haben sich die Stammgäste nur allzu gerne verabschiedet und freuen sich umso mehr über die hellen und schicken Räumlichkeiten im denkmalgeschützten Jugendstilhaus, das zudem zentral und doch ruhig liegt. Der Aufenthalt im Hotel bleibt den Gästen aber auch so in unvergesslicher Erinnerung. Von Hausdame Lucy (Golden Retriever) in Empfang genommen, wird der Gast zum oft kopierten und doch nie erreichten Frühstück geführt. Ob es daran liegt, dass der Schwerpunkt mittlerweile auf vegetarisch-veganem Essen liegt? Wer weiß. Auf alle Fälle lässt sich der Tag mit einem Smoothie Bowl oder Rohkostkuchen (ist übrigens der Hit; schmeckt definitiv besser als er klingt!) umso besser starten.

Kapellenstraße 9   www.hotel-klemm.de
65193 Wiesbaden   Tel. 0611/5820

Mo-Fr
7-16 h

Feuerwehr!
Einfahrt
freihalten!

Schwarzer Bock

Den Charme und die Exklusivität eines Grandhotels kann man auch heute noch im Schwarzen Bock erahnen. Es ist nachweislich sogar das älteste Hotel Europas – und das in Wiesbaden! Ende des 15. Jahrhunderts wurde es als „Badhaus" eröffnet, und heute zählt das historische Bäderhaus mit seiner traditionellen Architektur zu den schönsten Gebäuden in ganz Wiesbaden. Auf die Vorzüge und Annehmlichkeiten einer modernen Wellness-Landschaft muss man trotz dieser Geschichte selbstverständlich nicht verzichten. Exklusiv ist das Wasser: Es wird aus einer der 26 in Wiesbaden existierenden heißen Quellen gespeist. Historie wird in den Räumlichkeiten des Hotels großgeschrieben. So präsentieren sich sowohl die Dostojewski-Bar, die 2007/08 als schönste Hessens gekürt wurde, als auch das Restaurant im historischen Ambiente. Ein Highlight ist das Ingelheimer Zimmer mit Holzvertäfelungen und Intarsien aus aller Herren Länder. Es ist eine Rarität, die musealen Wert besitzt.

Das klassische (2014 grundlegend renovierte) Businesshotel, das mit seinen 142 individuellen Zimmern und Suiten den heutigen Komfortansprüchen eines anspruchsvollen Gastes vollkommen gerecht wird, verleiht seiner Bar ab 17 Uhr das Flair eines Grandhotels von einst; und wer weiß schon um 18 Uhr, wen man um 23 Uhr bei einem Wodka Martini – geschüttelt, nicht gerührt – als Nachbarn am Tresen hat.

Kranzplatz 12 · 65183 Wiesbaden
www.radissonblu.com/de/hotel-wiesbaden · Tel. 0611/1550

Trüffel –
Hotel und Feinkost

Trüffel – die Königin der Edelpilze, steht seit jeher für etwas ganz Besonderes. Den Namen hat man sich im Hotel sowie im Feinkostgeschäft zum Programm gemacht: Die insgesamt 30 Zimmer und Suiten des 4-Sterne-Hotels bestechen durch schlichte Eleganz und stilsichere Details. In warmen Holztönen und mit edlen Stoffen ausgestattete Zimmer sowie luxuriöse Bäder bieten allerhöchsten Komfort. Trotz seiner zentralen Lage direkt in der City kommt man hier wunderbar zur Ruhe. Was das Trüffel zu einer ganz feinen Gourmetadresse macht, ist das Feinkostgeschäft, eine Wiesbadener Institution! Seit nunmehr 30 Jahren verwöhnt Familie Stirn die Wiesbadener mit dolce vita, die Produktpalette umfasst neben italienischen auch französische Delikatessen. Das Feinste vom Feinsten geht hier über die Ladentheke – ob ausgefallene Fleisch- und Wurstspezialitäten, edle Fischprodukte oder internationale Käsevielfalt; ganz zu schweigen von der umfangreichen Wein- und Spirituosenabteilung und den besten Ölen und Essigen. Und der Trüffel darf selbstverständlich nicht fehlen! Ein besonderes Angebot für alle Feinschmecker, die Genuss verschenken möchten, bietet der moderne Präsentkorbshop. Hier werden Feinkostprodukte in tollen Körben für jeden Anlass und jede Preisklasse zusammengestellt. Besonders originell ist der rote Ferrarikorb. Also: unbedingt mal vorbeischauen!

Webergasse 6-8
65183 Wiesbaden
www.mondofine.de
www.trueffel-online.net

Tel. 0611/990550
Feinkost: Mo.-Fr. 9-19 Uhr,
Sa. 8-16 Uhr

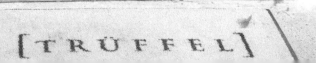

[TRÜFFEL]

Essen und Trinken

In Wiesbaden kann man sich hervorragend den Gaumen verwöhnen lassen. Gastronomisch hat die Stadt einiges zu bieten: Von exklusiven, mit Michelin-Sternen gekürten Gourmettempeln wie der traditionsreichen Ente oder der Orangerie bis hin zu einfachen aber dennoch ausgezeichneten Bistros, Cafés und Restaurants. Das Angebot ist enorm, deshalb sei hier auf einige besondere Adressen verwiesen.

Auch wenn die Frühstückskultur hier nicht im großen Stil zelebriert wird, gibt es doch ein paar feine Adressen. Fürstlich frühstücken lässt es sich im Literaturcafé der Villa Clementine (s. S. 32). Wer lecker belegte Panini oder Bagels genießen möchte, fühlt sich bei Du & Ich (s. S. 33) pudelwohl. Süßmäulchen und Kaffeetrinker werden ganz sicher auf ihre Kosten kommen. Das Urgestein und längst kein Geheimtipp mehr ist das Maldaner (s. S. 41), Wiener Kaffeehaus mit viel Charme der Belle Epoque. Wer es etwas hipper wünscht und Cupcakes oder Carrot Cake bevorzugt, geht zu Dale's Cake (s. S. 36).

Bei Karim's (s. S. 60) taucht ihr kulinarisch in die Gewürzwelt von 1001 Nacht ein, französische Landküche bekommt ihr von den Deux Dienstbachs (s. S. 50) präsentiert. Käfer's (s. S. 56) im Kurhaus empfangen euch mit Gunter Sachs-Fotografien, riesigen Parfumflacons und feinster Bistroküche. In der urigen Atmosphäre des Sherry & Port (s. S. 68) wartet man mit rauchigen Whiskeys und Sherrys, aber auch äußerst schmackhaften Tapas auf. Die besten Burger gibt es wohl bei der Nassau Burger and Beef Company (s. S. 66).

Frühstücken in Wiesbaden

Das Frühstück gilt ja gemeinhin als die wichtigste Mahlzeit des Tages. Auch wenn das Angebot in Wiesbaden recht übersichtlich ist, gibt es ein paar gute Adressen mit besonderem Ambiente – von nobel-herrschaftlich bis stylisch-chic.

Literaturcafé – Fürstlich frühstücken

Frühstücken im herrschaftlichen und ruhigen Ambiente von „Wiesbadens schönster Villa", im Licht funkelnder Kronleuchter, und nebenher im Lesezimmer gemütlich in Büchern schmökern – das ist im Literaturcafé der Villa Clementine möglich. Abseits der Fußgängerzone ist es nach wie vor ein Geheimtipp. Eine Wiesbadener Konditorin hat im September 2016 das Literaturcafé übernommen und verwöhnt ihre Gäste mit feinsten Torten, Tartes und Kuchen, einem kleinen Frühstücksangebot sowie mittags mit kleineren Snacks. Die Lee Perron Frühstücksplatte sättigt zwei hungrige Mägen, und auch Vegetarier und Veganer kommen hier auf ihre Kosten. Die Kaffee- und Teeauswahl kann sich sehen lassen.

Du & Ich – zwanglos und cool frühstücken

Lebendig geht es im zentral gelegenen Du & Ich zu. Hier könnt ihr den ganzen Tag Frühstück à la carte genießen, Wohlfühlatmosphäre dank Birkendesign gibt es gratis dazu. Der Frühstücksteller Herzhaftes reicht locker für zwei und wer es süß mag, dem seien French Toast oder die leckeren Pfannkuchen empfohlen. Die Kaffee- und Teeauswahl ist groß; unbedingt probieren solltet ihr die hauseigene Limonade. Die herzhaft belegten Panini und Bagels gehen immer und sind meistens schon am frühen Vormittag ausverkauft.

Café Maldaner – stilvoll frühstücken

Das Frühstücksangebot im Maldaner lässt keine Wünsche offen: Man hat die Auswahl zwischen acht verschiedenen Frühstücksvariationen, und wer es individueller mag, stellt sich sein Frühstück selbst zusammen. Dazu bekommt ihr hier noch Wiener Kaffeehaus-Atmosphäre gratis dazu! Neben dem Standard Cappuccino gibt es den Einspänner oder Überstürzten Neumann und dieser wird auch noch von einem Ober im feinen Zwirn serviert.

Café Anderswo

Stricken und häkeln während ihr cremigen Cappuccino oder Yogi-trifft-Schoki genießt und dazu leckere Schokoladenkreationen probiert – wo gibt es denn diese heimelige Wohnzimmer-Atmosphäre? Im Café Anderswo, wo sonst! Seit 2007 betreibt das Frauenpower-Duo Dressler den im Westend-Kiez äußerst beliebten Treffpunkt, der Coffeebar, Chocolaterie und Wollerie miteinander vereint. Ihrer Philosophie „etwas anders zu sein" bleiben die Ladeninhaberinnen auch sonst treu. Alle der über 40 verschiedenen Wollsorten sind ökologisch zertifizierte Garne, die von kleinen Herstellern und Manufakturen stammen. Massenware kommt hier nicht in die „Spinnstube", in der noch Wert auf die Vermittlung von echtem Handwerk gelegt wird. In kleinen Workshops lernt ihr alles rund um das Thema Nadel und Faden. Ihr könnt hier aber auch direkt schöne Strickprodukte kaufen oder nach Maß anfertigen lassen. Bei den ausgesuchten Kaffee- und Schokoladenspezialitäten und kleinen Snacks wird darauf geachtet, dass man regional einkauft und kleinere Handwerksbetriebe unterstützt. Selbst die kleinen Goodies sind hier stets das etwas andere und besondere Geschenk und stammen, wie das Kinderspielzeug, aus Behindertenwerkstätten.

Das Café gehört zum Wohnkomplex der Gemeinschaftlich Wohnen eG, die aufgrund des generationenübergreifenden, interkulturellen und nachhaltigen Zusammenlebens prämiert wurde.

Blücherstraße 17 · 65195 Wiesbaden · Tel. 0611/46207370
www.imanderswo.de · Mo. – Fr. 9 – 18 Uhr, Sa. 10 – 17 Uhr

Nerostraße 12   www.dalescake.com
65183 Wiesbaden   Mo. – Fr. 8 – 18 Uhr, Sa. 9-18
Tel. 0611/98827733 Uhr, So. 10 -18 Uhr

Dale's Cake

„Taste is our goal" – Wer einmal in den saftigen Carrot Cake oder die unglaublich leckeren Cupcakes gebissen hat, kann dem Motto der beiden Inhaber Dale und Ly nur zustimmen. Geschmacklich, aber auch optisch sind die süßen Leckereien eine Wucht. Sie werden in der kleinen Backmanufaktur nebenan in liebevoller Handarbeit hergestellt und verziert. Das kleine Café ist seit seiner Eröffnung 2013 in der Nerostraße der Anlaufpunkt schlechthin für alle, die authentische und amerikanisch geprägte Küche lieben. Denn neben den süßen Kreationen wird man hier auch mit allerlei Herzhaftem verwöhnt. Traditionell Bekanntes wird wohlgemerkt dank der beiden kreativen Küchenköpfe variiert und verändert. So wird etwa der beliebte Burger in einem Pitabrot und mit einer außergewöhnlich leckeren Soße serviert, die Pie kommt mit einem Tex-Mex-Maismehlteig daher und die Cupcake-Variationen sind so auch nirgends zu finden. Die Fangemeinde ist mittlerweile so groß geworden, dass die verführerischen Leckereien oder die kunstvoll verzierten Torten in viele Gastronomie-Unternehmen, Cafés und Feinkostgeschäfte der Stadt und Umgebung geliefert werden. An Dale´s Cake kommt einfach keiner vorbei!

Café LatteArt

Das kleine, aber dennoch sehr gemütliche und stets volle Café am oberen Ende der Fußgängerzone ist immer einen Besuch wert. Denn hier gibt es im Sommer das vermutlich beste Eis der Stadt und ganzjährig einen unglaublich leckeren Kuchen. Cremige und schmackhafte Eiskreationen, dazu noch in äußerst kreativen Geschmacksrichtungen wie weiße Schokoladen-Matcha, Frischkäse-Himbeer oder Apfel-Sellerie sind eine Sünde wert. Unbedingt probieren solltet ihr aber auch von den Kuchen à la Mama. Ob Honig-Walnuss, Dinkel-Brownie oder das Kirschmandel-Crumble mit Vanilleeis und Sahne – alles ist selbstgemacht und ohne Industrieprodukte. Wer es herzhaft bevorzugt, entscheidet sich für ein Brüsseler Rösti mit verschiedenen Belägen. Übrigens kann man hier auch frühstücken oder sich mit den preisgekrönten Centho-Schokoladen und -Pralinen eindecken.

Langgasse 27 · 65183 Wiesbaden · Tel. 0611/9873012
So. – Do. 9.30 – 19.30 Uhr, Fr. – Sa. 9.30 – 21 Uhr

Café Maldaner

Palatschinken mit Marillenmarmelade oder Kaiserschmarrn mit Rosinen, Mandeln, Rum und Zwetschgen, und dazu natürlich eine Wiener Melange – im Café Maldaner wird Wiener Kaffeehauskultur vom Feinsten zelebriert. Seit 1859 in der belebten Marktstraße liegend, ist es zudem noch das erste original Wiener Kaffeehaus Deutschlands. Das Innere erstrahlt im ursprünglichen Charme mit Stuckdecke, Holzvertäfelungen und Plüschgarnituren – Kaffeehauskultur in ihrer ursprünglichen Form. Hier lebt man Nostalgie pur! Das Maldaner ist immer voll, deshalb solltet ihr unbedingt reservieren. Die Konditorei versteht ihr Handwerk aufs Vorzüglichste. Die Kuchen- und Tortentheke verführt Schleckermäuler mit vielerlei Köstlichkeiten, Klassiker sind die Maldaner Haustorte und die Maldaner Schnitte. Bezahlen könnt ihr hier übrigens mit der hauseigenen Währung, dem goldenen „Maldaner Taler", der einen Wert von 2,50 EUR hat.

Marktstraße 34 · 65183 Wiesbaden · Tel. 0611/305214
www.maldaner1859.de · Mo.-Sa. 9-18.30 Uhr, So. 10-18 Uhr

Chez Mamie

Die Speisekarte in original-französischen Asterix- und Obelix
-Heften serviert – das gibt es nur bei Chez Mamie. Obelix hätte
sich sicherlich seinen ohnehin imposanten Bauch bei all diesen
französischen Köstlichkeiten mehr als nur vollgeschlagen: Foie
Gras, Steak tartare, Entrecôte mit Frites und sauce béarnaise –
alles Gerichte, die einem allein bei der bildlichen Vorstellung
schon das Wasser im Mund zusammenlaufen lassen. Neben den
französischen Klassikern erfreut sich aber auch die bodenstän-
dig-authentische Küche nach Großmutters Art großer Beliebtheit; hierzu zählen Gerichte wie etwa Cassoulet (Bohneneintopf),
Innereien oder auch leckere Fischgerichte. Das Schöne ist, dass
alle Vorspeisen in drei Portionsgrößen, die Haupt- und Nach-
speisen in zwei angeboten werden. So kann man sich hier gut
durch die Speisekarte futtern. Gekocht wird regional und natürlich auch saisonal, eine Vielzahl der Produkte und das tolle Wein-
angebot kommen selbstverständlich aus Frankreich. Die gemütliche Bistro-Atmosphäre passt hervorragend zum historischen
Gebäudeensemble des Pariser Hofs, dem zweitältesten Gebäude
Wiesbadens. Hier passt alles, à la vôtre!

Spiegelgasse 9
65183 Wiesbaden
Tel. 0611/36024800

www.chez-mamie.de
Mo. – Sa. 12 – 14.30 Uhr und
18 – 22.30 Uhr

Am Römertor 3
65183 Wiesbaden
Tel. 0611/58086900

www.curry-manufaktur.de
Mo.–Do. 11–20 Uhr,
Fr. und Sa. 11–20.30 Uhr

Die Curry Manufaktur

„Eine Currywurst geht immer" – das trifft bei einer Currywurst aus der Curry Manufaktur zu. Seit 1983, damals noch mit einer Wurstbude auf dem Wochenmarkt, verwöhnen die Masellis die Wiesbadener mit ihren Würsten und Fritten. Alles, was Rang und Namen hatte, ließ sich schon damals würzige Würstchen und saftigen Spießbraten schmecken. Und auch heute noch, nach immerhin 30 Jahren (und das in der heutigen Zeit!), beweist die lange Warteschlange um die Mittagszeit die Beliebtheit der Wiesbadener Currywurst. Auch der eine oder die andere Kommissar/in aus Wiesbaden-TV-Krimis lässt sich hier mal blicken. Die verschiedenen Wurstsorten erhalten Masellis schon seit Jahrzehnten von einem Metzger des Vertrauens – diese Frische und Qualität schmeckt man einfach. Zu den krossen Pommes oder Süßkartoffeln werden dank der Experimentierfreude der jüngeren Generation belgische Saucen gereicht; besonders hitverdächtig ist die fruchtige Joppie, eine Honig-Zwiebel-Variation. Und auch die traditionelle Currywurst wurde durch etliche Currymischungen aufgepeppt, mit Himbeer-Rose, Lemon-Gras oder Schoko-Orange verfeinert, ein interessantes Geschmackserlebnis! An Wochenmarkttagen (mittwochs und samstags) findet man die Wiesbadener Institution auch in ihrem Retro-Imbiss-Wagen auf dem Marktplatz.

Les Deux Dienstbach

Seit vier Jahren verwöhnen die Zwillingsschwestern Jennifer und Nathalie Dienstbach die Wiesbadener mit savoir vivre und haben schon mehrere Auszeichnungen dafür geerntet. Dass gutes Essen und gute Produkte zum Genuss á la française wie das Gelbe zum Ei gehören, ist für beide selbstverständlich.

Bereits beim Eintreten unterliegt man dem typischen Charme eines französischen Bistros: dunkle Holzvertäfelungen, ein rustikaler Holztresen, einfache und robuste Holzmöbel. Die Dienstbachs wären aber nicht die Dienstbachs, würden sie diesem Ambiente nicht ihren ganz persönlichen Stempel aufdrücken. Großformatige Aufnahmen des Familienlebens in der Normandie und das Sammelsurium von alten Haushaltsutensilien zeigen, was den beiden Schwestern am Herzen liegt: bodenständige, ursprüngliche Küche mit frischen Produkten, die beide bereits als Kinder genießen durften. Diese Erfahrung möchten sie auch ihren Gästen weitergeben. Traditionelle Gerichte der französischen Landküche wie Galettes werden raffiniert aufgewertet und kommen mit Ziegenkäse, gegrilltem Gemüse und selbstgemachtem Pesto daher. Für die herzhaften Tartines wurde von einer heimischen Bäckerei ein französisches Landbrot kreiert. Gustatorisches Highlight ist aber nach wie vor das Entrecôte, mit Frites und einer selbstgemachten sauce béarnaise, die ihresgleichen sucht. Die Produkte und der Wein kommen selbstverständlich aus dem Elsass oder der Normandie, beim Gemüse greift man auf Regionales und Saisonales zurück.

Untere Albrechtstraße 16
65185 Wiesbaden
Tel. 0611/33460772

www.les-deux-dienstbach.de
Di. – Fr. 17.30 – 23.30 Uhr,
Sa. 12 – 14 und 17.30 · 23.30 Uhr

Tartine au chèvre chaud mit Lavendelhonig und karamellisierten Walnüssen

**Zutaten für
1 Person:**

1 Scheibe Landbrot
3 – 4 Scheiben
  Ziegenkäse
Blütenhonig mit
  Lavendel (nach
  Belieben)
karamellisierte
  Walnüsse (eine
  Handvoll)

Zubereitung:

1 Scheibe Landbrot (80% Weizenanteil und 20% Roggenanteil) mit Ziegenkäse belegen und dann im Ofen bei ca. 180 Grad, mittlere Stufe, gratinieren. Danach mit Honig (Blütenhonig nehmen und essbare Lavendelblüten hineingeben) und karamellisierten Walnüssen bedecken (Zucker mit etwas Wasser in die Pfanne geben, sobald er goldbraun ist, die Walnüsse dazugeben, danach Nüsse abkühlen lassen und feinhacken).

Karlstraße 22
65185 Wiesbaden
Tel. 0611/945803901

www.heimathafen-wiesbaden.de
Mo. – Fr. 9-22 Uhr,
Sa. 10-22 Uhr

Heimathafen – Co-working space und Café

Längst sind regionale Produkte, Biospeisen und Getränke, die auch noch fair gehandelt werden, in der Gastronomie-Szene angekommen. So auch im „Heimathafen", einem coolen Café, das auch Co-working Space vermietet, sprich Räumlichkeiten mit flexiblen Arbeitsplätzen und kompletter digitaler sowie audiovisueller Ausstattung. Ob Freiberufler, Kreative oder Startups: hier schlägt der Puls der Wiesbadener Kreativszene, hier trifft man sich, um in Austausch mit anderen zu treten, gemeinsam an Projekten zu arbeiten oder Mitstreiter für neue Projekte zu finden. Bei so viel geistiger Arbeit darf es auch nicht am geeigneten brain food fehlen. Leckere Sandwiches, selbstgemachte Kuchen und Cupcakes sowie Kaffeespezialitäten aus der örtlichen Kaffeerösterei Kaufmann locken nicht nur die „Hipster" bereits zur Frühstückszeit. Mittags gibt es neben selbstgemachten Quiches und Tartes leckere Suppen und Salate to go, alles vegetarisch und vegan! Unschlagbar sind die selbstgemachten Limonaden, die jedem jederzeit ein Lächeln ins Gesicht zaubern.

Käfer's Bistro

Das Käfer's ist wahrlich eine Institution und nicht nur bei den Wiesbadenern heiß begehrt. Auch etliche Prominente gaben und geben sich hier schon mal die Türklinke in die Hand. Ob Til Schweiger, Herbert Grönemeyer, Günther Jauch oder Angela Merkel: Speisen in dem 1991 gegründeten Traditionshaus Käfer's ist schon etwas ganz Besonderes. Das Bistro befindet sich in einem Seitenflügel des imposanten Kurhauses und das Interieur ist ganz im Stil der französischen Brasserie gehalten mit dunklen Holzvertäfelungen, vor denen sich unzählige Fotografien, alte Plakate und Bilder eindrucksvoll abheben. Unbedingt sehenswert ist der Salon des Flacons in der Beletage mit seinem schwarz-roten Mobiliar, den überdimensionierten Parfumflacons und Fotografien von Gunter Sachs.

Gastronomisch haben sich die beiden Gründer Gerd Käfer (†2015) und Roland Kuffler einer Mischung aus klassisch-französischer Bistro- und Crossoverküche verschrieben, wobei französische Delikatessen, hausgemachte Pasta-Gerichte und feine Patisserie-Kreationen auf der Speisekarte nicht fehlen dürfen. Regionale Produkte in höchster Qualität verstehen sich fast von selbst. Einen besonderen gustatorischen Gaumenkitzel verspricht neben dem in keiner Bistroküche fehlenden Steak Tatar die Crème brûlée mit Eis.

Das Käfer's ist trotz der erstklassigen Speisen kein abgehobenes Gourmetlokal, was sich an den moderaten Preisen und dem buntgemischten Publikum zeigt, das gerne auch bis nachts auf der Casino-Terrasse oder im Biergarten schmaust.

Kurhausplatz 1
65189 Wiesbaden
Tel. 0611/536200

www.gerdkaefer-rolandkuffler.de
Mo. – Do. 11.30 – 1 Uhr, Fr. und
Sa. 11.30 – 2 Uhr, So. 11 – 1 Uhr

Webergasse 7   www.karims.de
65183 Wiesbaden   tägl. 10 – 23 Uhr
Tel. 0611/9590608

Karim's

Für Liebhaber der mediterranen und orientalischen Küche ist Karim's die Adresse! Hier findet „die Begegnung zwischen Orient und Okzident" statt. Feinste Küche mit Gerüchen und kleinen Geschmacksexplosionen aus 1001 Nacht. Bereits 1997 hat Karim mit seinem Feinkostladen die Wiesbadener mit Speisen und Produkten aus dem Orient verwöhnt. 2004 erfolgte dann samt Stammkundschaft im Schlepptau der Umzug auf den Weberplatz. Die Räumlichkeiten sind größer geworden, das Ambiente ist – dank stilechter Ausstattung mit marokkanischen Lampen und edlen Fliesen – gemütlich mit dem gewissen Etwas.

Dass hier nicht nur reiches Wissen um qualitativ hochwertige Produkte und viel Leidenschaft für das Kochen eine gelungene Melange eingehen, merkt man bereits beim ersten Bissen. Hinzu kommen noch die gastgeberischen Qualitäten Karims (old school), der den Gästen die Wünsche von den Augen abliest. Unbedingt probieren sollte man das Couscous Royal oder das saftige Lamm mit karamellisierten Pflaumen und Pinienkernen aus der original marokkanischen Tajine – bereits fürs Auge ein Genuss! Wer es etwas leichter bevorzugt, entscheidet sich für eine der köstlichen, frischen Vorspeisen: Klassiker wie Falafel, Hummus oder Auberginencreme kommen mit authentischer Würzung daher. Suchtfaktor haben aber ganz klar die Paprikacreme mit Haselnuss und Granatapfel oder der frisch-fruchtige Fenchelsalat. Dazu sollte man einen der köstlichen, oft unterschätzten Weine aus dem Libanon goutieren.

M'hammara (Paprikacreme mit Granatapfel)

Das Paprikamark mit etwas Wasser verrühren. Dann nacheinander Olivenöl, Granatapfelsirup, Zucker und Semmelbrösel zugeben und mit dem Schneebesen zu einer einheitlichen Paste verrühren. Die Walnüsse kleinhacken und unterheben. 20 Minuten in den Kühlschrank stellen und durchziehen lassen. Anschließend mit Walnusshälften dekorieren und warmes Fladenbrot dazu reichen.

Zutaten:

300 g Paprikamark
  (scharf)
80 g Semmelbrösel
2 EL Zucker
2 EL Granatapfel-
  sirup
Olivenöl
50 g Walnüsse

La Rucola

Wer die traditionelle Cucina italiana gepaart mit moderner Gour-
metküche in stilvollem Ambiente schätzt, der kommt im Restaurant „La Rucola" voll auf seine Kosten. Im Inneren herrscht ein
gemütlich-klassisches Ambiente, und die überdachte und offene
Außenterrasse mit Blick auf Tennisplätze und Bäume des Kur-
parks lädt besonders im Sommer zum Verweilen ein. Lange War-
tezeiten gibt es hier nicht, und was ihr hier kulinarisch geboten bekommt, schmeckt einfach! Ob die kross gebratenen und
hervorragend gewürzten Austernpilze, die mit Büffelmozzarella
überbackenen Melanzane (Auberginen) oder die hausgemachte
Pasta mit einem Schuss bestem Olivenöl – alles harmoniert hier
aufs Feinste. Die Fleisch- und Fischfilets sind zart, saftig und
äußerst schmackhaft. Spätestens bei den Dolci, die ebenfalls ein
Augenschmaus sind, fühlt man sich wie im Urlaub in bella Italia.

Parkstraße 42A · 65189 Wiesbaden · Tel. 0611/376300
www.la-rucola.de · tägl. 12 – 14.30 Uhr und 18 – 23 Uhr

Nassau Burger and Beef Company

Was lässt das Herz jedes Fleischliebhabers höherschlagen? Die unglaublich herzhaften Nassau-Burger natürlich. Saftiges und hochwertiges Fleisch, ausgesuchte Zutaten und ausgefallene Beilagen sorgen für das besonders authentische Geschmackserlebnis. Kein Wunder also, dass das Restaurant unter die fünf besten Burger-Restaurants Hessens gewählt wurde. Die Zutaten werden regional und saisonal besorgt, alles wird frisch zubereitet. Die luftigen Buns werden von einer Wiesbadener Bäckerei gebacken, das Jungbullenfleisch für die saftigen Pattys ist aus der Region. Zur Jagdsaison wird selbstverständlich auch Wildfleisch serviert und in der Spargelzeit gibt es den Burger mit Spargel ausgarniert. Der Klassiker ist aber der Nassau Classic, den ihr euch nach eigenem Gusto zusammenstellen könnt. Wer es ausgefallener möchte, probiert den El Roque mit Roquefort, Wildkräutern und Ciabatta-Buns oder den Kaiser Friedrich: frisch gewolftes Ribeye-Steak mit Garnelen und Trüffelmayonnaise und dazu am besten die handcut-fries. Einfach nur lecker! Wer es nicht so mit Burgern hat, kann aber auch auf Nachos, Quesadillas, ausgefallene Salate und leckere Steaks zurückgreifen. Das kulinarische Angebot wird einmal monatlich durch Livemusik und einmal wöchentlich durch stattfindende Craftbeer- und Gin-Tastings erweitert. Also, ran an die Buletten!

Michelsberg 9 · 65183 Wiesbaden · Tel. 0611/88028070
www.nassauburger.com · Mo. – Fr. 11.30 – 22.30 Uhr, Sa. ab 12 Uhr

Sherry & Port

Das Sherry & Port, von den Wiesbadenern auch liebevoll „Sherry" genannt, ist nicht nur irgendeine Kneipe mit spanischen Spezialitäten. Obwohl das Ambiente mit den knarrenden alten Holzdielen, der dunklen Holzvertäfelung und den zahlreichen Fotos von ehemaligen Promibesuchern und Jazzlegenden an den Wänden sehr urig daherkommt.

Zweifelsohne hat sich die Restaurant-Tapas-Bar, die seit über 35 Jahren von Gerd Royko geführt wird, zu einem der beliebtesten Treffpunkte in Wiesbaden entwickelt. Erstklassig ist das Angebot an über 60 Sherry- und Portweinen. Auch die Auswahl schottischer und irischer Whiskys kann sich sehen und schmecken lassen – auf die erstklassige fachmännische Beratung und Verkostung ist ebenfalls stets Verlass.

Der Gast wählt zwischen kalten und warmen Tapas, diversen Fischspezialitäten oder Steaks. An warmen Tagen ergattert man am besten einen der freien Sitzplätze im Biergarten am Wasserbrunnen unter den einladenden Kastanienbäumen. Da lässt man sich die würzigen Gambas al ajillo (Knoblauch-Garnelen), die legendären Albondagas (Hackfleischbällchen in fruchtig-scharfer Tomatensoße) oder patatas bravas mit selbstgemachter Aioli am besten munden.

Adolfsallee 11 · 65185 Wiesbaden · Tel. 0611/373632
www.sherry-und-port.de · Mo. – Fr. 12 – 01 Uhr, Sa. ab 17 Uhr

Klarenthaler Straße 127   Tel. 0611/5828289
65197 Wiesbaden   www.treibhaus-wiesbaden.de

Treibhaus

Sich mal treiben lassen, den Tag bei einem kühlen Blonden oder einem spritzigen „Stöffche" ausklingen lassen, das kann man im „Treibhaus" und seinem Biergarten wohl am besten. Hinter dichten Bambussträuchern und unter alten Bäumen und knorrigen Weinreben findet man bestimmt ein lauschiges Plätzchen. Probieren solltet ihr die regionalen Tropfen; wer es alkoholfrei bevorzugt, greift zur hausgemachten Limonade, von der man gleich literweise trinken könnte. Neben den traditionellen Biergarten-Klassikern wie Spunde- und Handkäs schmecken die Gerichte vom Lavagrill oder die Wildschweinbratwurst vom Metzger aus dem benachbarten Rheingau besonders lecker. Hit- und preisverdächtig sind hier jedoch die mit einer ganz originellen Würzmischung versehenen Klarenthaler Fritten. Wer glaubt, die Biergartensaison endet mit den letzten Sonnenstrahlen, der irrt. Ab November wird man am Lagerfeuer mit Glühwein verwöhnt und speist im beheizten Wintergarten.

Die Waffel

Gutes afghanisches Essen in äußerst großen Portionen servieren Mujib Arash-Asish und sein Team seit 2003 den Wiesbadenern auf dem Michelsberg. Das Restaurant-Café verteilt sich auf zwei Örtlichkeiten: die Waffel und ihren kleineren Ableger, das Gegenüber, das – nomen est omen – gegenüberliegt, so dass die Mitarbeiter geschäftig hin und her mit den noch dampfenden Kartoffeln flitzen. Diese werden für das überaus leckere Kumpir gebraucht, eines der Verkaufsschlager hier im Restaurant. Der gesunde Fastfood-Snack läuft mittlerweile Döner und Co. fast den Rang ab. Die Ofenkartoffeln sind mit Käse und Butter gefüllt, als Topping kommen Mais, Bohnen, Rotkohl und zum Beispiel Dal (Linsencreme) hinzu: Superleckeres street food, das man sich nach eigenem Geschmack auch mit Fleisch zusammenstellen kann. Auch zu empfehlen sind die wärmenden Eintöpfe oder die verschiedenen Nanrollen-Variationen, die die indischen und pakistanischen Einflüsse der afghanischen Küche aufzeigen. Selbstverständlich kann man sich aber auch in die Kissenlandschaft der Fensternischen mit der hauseigenen Minz-Limonade und einer köstlichen Waffel oder einem Mango-Lassi zurückziehen und ein wenig von fernen Ländern träumen. Sichert euch aber rechtzeitig einen Platz, denn die Waffel und ihr Gegenüber sind stets voll.

Am Michelsberg 18 · 65183 Wiesbaden · Tel. 0611/1377698
www.die-waffel.com · tägl. 11 – 21 Uhr

Westendstraße 30
65195 Wiesbaden
Tel. 0611/1717297

www.zimtandkoriander.de
Mo. – Fr. 11 – 15 Uhr, 17 – 22 Uhr,
Sa. 17 – 22

Zimt und Koriander

Vegetarisch, gesund und vor allem lecker – das sind die Gerichte im Zimt und Koriander. Pavan Sharma und seine Frau verstehen es ihren Gästen mit aromatischen Curries, Street Food und süßen (vegetarischen und veganen) Spezialitäten und mit viel Herz ein Lächeln ins Gesicht zu zaubern. Dank der Vielzahl raffinierter Gewürze werden da schon mal neue Geschmackserlebnisse hervorgerufen. Als überzeugter Vegetarier geht es für den weitgereisten Hotelkoch Pavan beim Kochen und Essen weit mehr als nur ums Sattwerden. Die vegetarische Küche, die auf der jahrhundertealten Tradition der indischen Küche fußt, ist eine Philosophie, die den Menschen in seiner Ganzheit sieht. „Du bist, was du isst", sagt Pavan, und Erklärungen zu den Gerichten, Rezepturen und Inhaltsstoffen gibt es gratis dazu. Die Kommunikation mit den Gästen ist dem Hotelkoch und Sommelier sehr wichtig. Unbedingt empfehlenswert sind die verschiedenen Pakoras (Kichererbsentaschen gefüllt mit Gemüse), die schmackhaften Dal-Curries und als Nachspeise das cremige Kulfti (Eis). Die kulinarischen Ideen gehen den beiden nie aus, die Gerichte wechseln alle zwei Wochen; keines erscheint ein zweites Mal auf der Speisekarte.

Ausgebackene Gemüsebällchen – Pakoras
vegan und glutenfrei

Alle Teigzutaten in eine Rührschüssel geben und gründlich vermischen. Etwas Wasser unterrühren, sodass ein dicker Teig entsteht. Kartoffel und Karotte raspeln, die Zwiebel und die Zucchini würfeln, den Blumenkohl klein scheiden. Dann das fertige Gemüse untermengen, bis eine zähe Masse entsteht. 20 Minuten im Kühlschrank ruhen lassen.

Pflanzenöl in einem Wok erhitzen. Aus dem Teig kleine Bällchen formen und im heißen Fett goldbraun ausbacken. Mit einem Sieblöffel herausnehmen und auf einem Küchenkrepp abtropfen lassen. Sollte die Masse zu flüssig geworden sein, noch etwas Kichererbsenmehl hinzufügen.

Heiß mit Tomatensauce servieren.

Zutaten für
4–6 Personen:

Füllung:
1 gr. Kartoffel
1 Karotte
1 gr. Zwiebel
1 Handvoll Erbsen
5 Blumenkohl-
 röschen
½ Zucchini

Ausbackteig:
200 g Kichererbsen-
 mehl
1 Tl Salz
½ Tl Chilipulver
½ Tl Backpulver
1 Tl Liebstöckel-
 samen
1 Tl Korianderkörner
1 Tl Kreuzkümmel-
 samen
1 Tl Fenchelsamen
1 Tl Gelbwurzpulver

Weitere Adressen

Mathilda

Das Mathilda ist morgens, zur Lunchzeit und auch abends immer eine gute Adresse. Nicht nur das stylische Interieur, auch die Speise- und Weinauswahl gefällt. Bei den Weinen wird darauf geachtet, regionale und vor allem auch neue Winzer anzubieten. Besonders zu empfehlen ist einer der circa 15 Sorten Gin in Kombination mit einem der drei zur Auswahl stehenden Tonics. Das mundet!

Luisenplatz 2 · 65185 Wiesbaden
Tel. 0611/3088775 · www.mathildarestaurant.de

i-Punkt

Das Szenerestaurant mit schönem Ambiente liegt in zentraler Lage zwischen Kurhaus, Bowling Green und Wilhelmstraße. Gastronomisch verwöhnt das Team um Oliver Henrich mit deutsch-internationaler Küche auf hohem Niveau. Neben Bratkartoffeln mit Roastbeef gibt es Sashimi-Variationen oder das besonders schmackhafte Tomahawk-Steak. Abends lockt die Bar mit einer guten Auswahl an Weinen und Drinks; Partys mit Dance- und House-Musik sorgen zusätzlich für gute Stimmung.

Wilhelmstraße 49 · 65183 Wiesbaden
Tel. 0611/5801998 · www.ipunkt-wiesbaden.de

Wiesbaden at Night

Auch wenn die Nacht über Wiesbaden anbricht, gehen hier noch lange nicht die (Party)lichter aus. Zur nächtlichen Stunde hat die Landeshauptstadt immer noch einiges zu bieten. Wir haben für euch die besten Ausgehtipps zusammengestellt: coole Party-Locations und angesagte Bars.

Manoamano (Taunusstraße 31)

2011 als beste Bar im Rhein-Main-Gebiet ausgezeichnet. Die Bar überzeugt in erster Linie durch ihre Cocktails und Drinks. Neben den Klassikern sind es vor allem die eigenwilligen, vor allem aber kreativen Mischungen mit Salbei, Zitronengras oder Ingwer, mit denen Gianfranco Amato seine Gäste überrascht. Auch ein hauseigener Gin darf er mittlerweile sein Eigen nennen, und das will schon was heißen.

Coyote (Goldgasse 4)

Die Kombi aus Bar, Restaurant und Musikcafé kommt gut an, auch dank der sehr umfangreichen Cocktailkarte. Am Wochenende legen hier DJs die angesagtesten Platten auf; zu coolen Beats und Rhythmen – für jeden Musikgeschmack ist hier etwas dabei – darf auch wochentags abgetanzt werden.

Park Café (Wilhelmstraße 36)

Für jeden, der das Tanzbein schwingen möchte, ist das Park Café –
eine Wiesbadener Institution mit über 100 Jahren auf dem Buckel
– ein Muss. VIPs wie Elvis, Fats Domino, Frank Sinatra, aber auch
Boris Becker oder Puff Daddy gaben sich hier die Klinke in die
Hand. Jeden Mittwoch gibt es Salsa Partys, und samstags und
sonntags Party pur mit DJs und stets erstklassiger Musik.

Kulturzentrum Schlachthof

Täglich wechselndes Programm: Musik (Liveacts!) jeglicher Art,
Filme, Poetry Slams, street food events und vieles andere mehr!
Wurde schon zweimal in Folge zum beliebtesten Musik-Club
Deutschlands gewählt.

Tante Simone (Seerobenstraße 1, Sedanplatz)

Die etwas andere Bar mit ganz viel französischem Flair dank ori-
ginal-alten Möbelstücken aus der Normandie, in die man gerne
für einen After-Work-Cocktail kommt. Die Cocktails mit selbstgemachter Limonade sind einfach nur köstlich!

Das Wohnzimmer (Schwalbacher Straße 51)

Ein Ort für Freunde soll das Wohnzimmer sein. Mit viel Herzblut,
Schweiß und Gastfreundlichkeit unterhalten die beiden Inhaber
Patrick & Shannon ihre Gäste.

Shopping in Wiesbaden

Die Landeshauptstadt erhielt in verschiedenen Rankings das Prädikat „attraktive Einkaufsstadt". Zu Recht, denn das Shopping-Angebot kann sich sehen lassen. Und mal ehrlich: Neben dem obligatorischen Sightseeing gehört bummeln und shoppen doch mittlerweile zum Pflichtprogramm in jedem Urlaub oder Städtetrip.

Neben der Einkaufszone mit etlichen Filialen namhafter Ketten, die jedermann kennt – das ist in allen größeren Städten so – sind es hier vor allem die kleinen und feinen, aber auch exklusiven Einzelhändler in den „kleinen Straßen nebenan", die ausgefallene, besondere und abwechslungsreiche Shoppingerlebnisse sichern. Ob auf der Wilhelmstraße, im Altstadt-Schiffchen, entlang der Nero- und Taunusstraße oder auch versteckt im Westend: Hier findet man Läden mit dem gewissen Etwas für sich oder für die Lieben daheim. Designerläden für Kleidung und Möbel, individuelle Boutiquen, Maßschuhmacher, kreative Manufakturen, Kunsthandwerker, Galerien und eine Vielzahl an Delikatessenläden; denn das savoir-vivre und der Genuss wurden in Wiesbaden seit jeher großgeschrieben. Und, Gott sei Dank, besinnt sich die Landeshauptstadt wieder auf ihre früheren Qualitäten! Bummelt mit uns durch die Straßen und lasst euch von der besonderen Vielfalt der Läden überraschen.

Das Schiffchen

Das „Schiffchen" ist die Wiesbadener Altstadt. Umtriebig, turbulent und bunt kann es hier zuweilen zugehen. Die engen Gässchen mit ihrer Vielzahl an kleinen Cafés, Restaurants und Geschäften locken täglich Einheimische wie Besucher zu besonderen Genuss- und Shoppingerlebnissen – von Schmuckherstellern, Herrenausstattern, Kindermoden, Floristen und Parfümerien über Hut- und Ledermacher bis hin zu Weinhäusern und Fair Trade-Läden. Viele der Geschäfte sind zum Glück (noch) inhabergeführt und richten sich mit ihrer Produktpalette bewusst gegen den sonstigen Einheitsbrei.

Wer auf der Suche nach einem ausgefallenen oder stilsicheren (Mode-)Stück ist oder sich mit Individuellem oder Hochkarätigem schmücken möchte, wird sicherlich hier in den Boutiquen, Second-Hand-Läden und Schmuckateliers fündig. Für Schleckermäulchen ist das xocoatl (s. S. 126) ein wahres Schokoladenmekka.

Originelle und authentische Souvenirs gibt es dagegen bei StadtStück (s. S. 122). Mit Gewürzen, die ihre Aromen von Weitem verströmen, werdet ihr bei Gewürz Müller (s. S. 104) belohnt.

Im Sommer kann man das bunte Treiben in den Gässchen am besten bei einem Kaffee oder Glas Wein auf der Terrasse von *Webers Wikinger (*Grabenstraße 14*)* oder einem der gut besuchten italienischen Restaurants in der Goldgasse verfolgen.

Diese mitunter seit Generationen geführten Lokalitäten bilden die Seele einer Stadt und sind deshalb unbedingt erhaltenswert.

Die Taunus- und Nerostraße

Zwischen „Schiffchen" und Nerotal gelegen, bieten die beiden mittlerweile auch als „Lifestyle-Meilen" bekannten Straßen ein vielfältiges und abwechslungsreiches Gastronomie- und Shoppingangebot für jeden Geldbeutel.

Von ihrer einstigen Bestimmung als Hotel- und Herbergsstraße ist in der Taunusstraße heutzutage kaum noch etwas zu sehen. Einige wenige Antiquitäten- und Kunsthändler haben mit ihren Schätzen bis

heute ausharren können. Erfreulich aber ist, dass es noch viele inhabergeführte Geschäfte und Boutiquen gibt, die den großen Geschäftsketten und dem Einheitsbrei zum Trotz das Besondere und nicht Massenware an den Mann und die Frau bringen. Auch im Bereich der Gastronomie haben sich einige alteingesessene, aber keineswegs verstaubte Restaurants wie das Il Gondoliere oder das Palmyra ihre Nischen behauptet. Bars sorgen auch nachts für lebendiges Treiben.

Die parallel verlaufende Nerostraße, einst von Handwerkern und Tagelöhnern bewohnt, verleiht dem Viertel ein wenig Szene und hippes Flair. Auch hier existieren noch einige inhabergeführte Geschäfte,

wie das Buch-Café Nero 39 (s. S. 116) oder die Kaufmanns Kaffeerösterei (s. S. 106). Daneben haben innovative Geschäftsideen Einzug gefunden, wie das kultverdächtige Dale's Cakes (s. S. 36), oder auch Tattoo-Studios, die eigenwillige trendige Hautkunst praktizieren.

Die Wilhelmstraße

Paris hat die Champs Elysées, London hat Knightsbridge, Düsseldorf die Kö – und Wiesbaden hat die Wilhelmstraße! Der von Platanen gesäumte Prachtboulevard, die „Rue", lädt mit zahlreichen exquisiten Boutiquen, Juwelieren und Einrichtungsgeschäften zum Shoppen ein – nichts für den kleinen Geldbeutel, versteht sich. Delikatessenläden wie das traditionsreiche Feickert (Wilhelmstraße 14) und das Gourmetrestaurant Ente (Kaiser-Friedrich-Platz 3-4) runden das vielseitige und exklusive Angebot ab.

Die Parkanlage „Warmer Damm" auf der gegenüberliegenden Seite bietet beste Möglichkeiten zum Relaxen und Entspannen. Ihr solltet euch nicht das Kurhaus mitsamt Spielkasino entgehen lassen (s. S. 152). Für die Kunstfeinsinnigen ist das Hessische Staatstheater (s. S. 157) ein Muss. Und dann ist da noch der Nassauer Hof (Kaiser-Friedrich-Platz 3-4), eins der wenigen übriggebliebenen Grandhotels, in dem man gar fürstlich übernachten kann mit Rundum-Spa in der hauseigenen Therme über den Dächern der Stadt.

Der Publikumsmagnet ist und bleibt das Wilhelmstraßenfest (s. S. 187), das alljährlich im Juni Tausende von Besuchern mit Glamour, Hummer und Champagner, Musik und Tanz, aber auch mit Pommes und Currywurst anlockt.

Dotzheimer Straße 88
65197 Wiesbaden
Tel. 0611/1509620

www.bergkaese-station.de
Mo. – Do. 17 – 20 Uhr,
Fr. 10 – 20 Uhr, Sa. 10 – 18 Uhr

Bergkäse Station

Guter Käse lacht, und mit einem zufriedenen Lächeln verlässt jeder Kunde die Bergkäse Station, denn Till Biebricher ist nicht nur autorisierter Kenner und Händler für alte und kräftige Käsesorten. Nein, er versteht es wie kein anderer in seinem „Tante-Emma-Laden der Gegenwart" (O-Ton) den Kunden die Wünsche von den Augen abzulesen. Hier trifft man sich, hier wird geplauscht und nebenher Käse gekauft – ohne Kostprobe geht aber kein Käse über die Ladentheke!

Seine Bergkäse Station, die er übrigens in Eigenregie designt und gebaut hat, hält im Inneren den einen oder anderen Hingucker bereit – und damit ist noch nicht der Käse gemeint. So ist die drehbare Käsetheke einem Käselaib nachempfunden und in den Wandnischen ist für die Kleinen eine beleuchtete Alpenlandschaft aufgebaut. Der Hauptakteur aber ist und bleibt der Käse. Till legt stets Wert auf eine kleine, aber feine Auswahl – 50 Prozent des Sortiments kommen aus Allgäuer Kleinstsennereien; die Laibe sind ohne jegliche Zusatzstoffe, aus tagesfrischer Milch und händisch gemacht. Denn qualitativ hochwertiger Käse muss gepflegt werden, damit er lacht! Alle fünf Sennereien, die die Bergkäse Station beliefern, kennt Biebricher, zu einer hat er sogar familiäre Bande. Mit circa 25 Käsesorten ist die Auswahl überschaubar, gemäß dem Motto vom Wenigen und Einfachen nur das Beste. Also, nichts wie her mit einem Stück der Hl. Barbara oder der Belper Knolle!

Britmania

„Eine britische Insel mitten in Wiesbaden", so bezeichnet Sandra Jakobian ihren kleinen Laden in der Unteren Albrechtstraße 3. Wer auch ein wenig den British Way of Life pflegen möchte, ist hier goldrichtig. Britische Spezialitäten wie Lemon Curd, diverse Chutneys, Cookies, Crisps oder ausgefallene Teesorten finden großen Anklang nicht nur bei Freunden des britischen Lebensstils. Noch beliebter sind die selbstgemachten Cupcakes, Cheesecakes und Scones oder die auf Bestellung kreierten Torten im Wedgewood Porzellan-Dekor, die von der Besitzerin in liebevoller Handarbeit in der Backstube neben dem Laden hergestellt werden. Die Quereinsteigerin, eigentlich studierte Soziologin, wollte ihren Traum vom Backen und Kreativsein nicht nur träumen, sondern auch leben. Das ist ihr gelungen. Seit 2011 kann man im Britmania nach Herzenslust stöbern und entdeckt dabei auch so mancherlei Kurioses – very British versteht sich – wie King Charles-Papiermasken oder Strickkleider für die geliebte Teekanne daheim. Ihr könnt hier aber auch zur Teatime bei einer Tasse Earl Grey Tee Cupcakes oder Scones mit Clotted Cream genießen und euren letzten Urlaub auf der Insel Revue passieren lassen.

Untere Albrechtstraße 3   www.britmania.de
65185 Wiesbaden   Mi. – Sa. 11 – 17 Uhr
Tel. 0611/97161181

Burning Love

Mit Leidenschaft und „brennender Liebe" fertigt das Team von Burning Love seit 2003 wunderschöne Produkte hauptsächlich aus Filz und Leder und bringt sie mit großem Erfolg national wie auch international an Frau und Mann. Ob Umhänge-, Handtaschen oder Portemonnaies, Hüllen für Tablets, Laptops, Smartphones oder sonstiges allerlei Nützliches für den Arbeitsplatz, Zuhause und unterwegs. Die Filz-Lederkombinationen sind funktional und ein Must-have, um seine täglichen Begleiter stilvoll zu verpacken. Einfache und schlichte Formen im Design und doch so schick. Der Filz ist dank 100-prozentiger Merinowolle nicht nur ein qualitativ hochwertiges Naturprodukt, sondern auch noch äußerst strapazierfähig. Inspirationen holt sich das Team in und um Wiesbaden. So entstanden zum Beispiel Produkte wie die Bowling Bag und der Wiesbadener Shopper als Hommage an das Kurhaus und Wiesbadens Einkaufsmeile Nummer 1, die Wilhelmstraße. In liebevoller Handarbeit werden die Produkte im Atelier von Annette und Rebecca designt und hergestellt. Der Kunde hat auch die Möglichkeit, sein Lieblingsstück nach eigenen Wünschen maßanfertigen zu lassen. Das nennt man individuelle Funktionalität!

Luisenstraße 3 · 65185 Wiesbaden · Tel. 0611/36085211
www.burninglove.de · Mo. – Fr. 10 – 15 Uhr

Delight

Vintage und Retro feiern ein großes Comeback. Anna Gardner (die nebenher der Theaterschauspielkunst frönt) hat sich mit dem kleinen, aber feinen Lädchen im Wiesbadener Westend ihren ganz persönlichen Traum erfüllt: „Ich möchte Kleidung an die Frau bringen, die Geschichte ist und Geschichten erzählt und die wieder ein würdiges Zuhause findet." In Zeiten von Massenproduktionen, langweiligen Kleidungsketten und Fast Fashion wächst der Wunsch nach ausgefallen-individueller Mode, die nebenher noch etwas zum Aspekt der Nachhaltigkeit beiträgt. Der Besuch bei Delight ist wie das Eintauchen in eine andere Welt! Die Kleidungsstücke, Schuhe und Accessoires sind entweder Originale aus den 20er- bis 80er-Jahren oder Retro-Kleidung, die sich am Stil dieser Jahre orientiert. Kunden schätzen neben der hochwertigen Materialqualität und Verarbeitung vor allem das Feminine, das die damalige Mode auszeichnete. Und mal ehrlich, wer träumt nicht insgeheim von einer schlanken Silhouette? Längst vorbei sind auch die Zeiten, in denen secondhand noch den Touch des Angestaubten hatte; Retro und Vintage sind hip und total angesagt. Wenn man in diese Mode-Fundgrube eintaucht, kommt man garantiert nicht ohne ein oder mehrere Stücke wieder heraus.

Scharnhorststraße 20   www.delight-online.de
65195 Wiesbaden   Mo., Do., Fr. 12–18 Uhr
Tel. 0611/46999384

Mühlgasse 9
65183 Wiesbaden
Tel. 0611/300713

www.shop.gewuerz-mueller.de
Mo. – Fr. 9.30 – 18.30 Uhr,
Sa. bis 16 Uhr

Gewürz Müller

Heilsam, magisch, sie tun sowohl der Seele als auch den Sinnen gut, vor allem verleihen sie aber den Speisen Geschmack – die Rede ist von Gewürzen. „Hüter der Gewürze" in Wiesbaden ist Gewürz Müller, der seit 1948 die Kochtöpfe der Wiesbadener bereichert. Ganz gleich ob Gewürze, nach eigenen Rezepturen zusammengemischte Gewürzmischungen, Pasta, Pesto, Öle, Essige, Weine oder Schokoladen – hier herrscht eine schier überbordende Produktvielfalt. Deshalb Zeit mitbringen! Ein Aufenthalt in dem laut Feinschmecker bestsortiertesten Gewürzgeschäft Deutschlands gehört dazu, ist aber nicht nur etwas für den Geschmackssinn. Zum Hingucken: Originale, alte Verpackungen und Dosen säumen die Regale – Nostalgie pur!

Ein Verkaufsschlager sind die überaus schmackhaften Reis- oder Pastamischungen, die zum Experimentieren anregen und immer ein schönes Mitbringsel sind. Kein Wunder, dass sich hier zuweilen auch der ein oder andere regionale aber auch internationale Prominente blicken lässt. Gorbatschow war hier mit Raissa, Christopher Lee tauchte unvermittelt auf und Mickey Rourke suchte teuflisch scharfe Gewürze für sein Cajun Chicken.

Kaufmanns Kaffeerösterei

Was wäre das Leben der meisten Menschen bloß ohne Kaffee? Als morgendlicher Muntermacher unverzichtbar, zwischendurch als cremiger Cappuccino immer willkommen, und als starker Espresso nach einem üppigen Mahl wohltuend: Der Deutschen – neben Bier und Wein – liebstes Getränk ist aus unserem Alltag nicht wegzudenken. Doch Kaffee ist nicht gleich Kaffee. Wer nach einem qualitativ hochwertigen Kaffee auch für den häuslichen Genuss sucht, ist bei Kaufmann an der richtigen Adresse. Seit 2012 wird die Kaffeerösterei mit Verkauf und Bar von Jens Kaufmann mit viel Sachverstand für das Produkt und viel Liebe und Leidenschaft für die Zubereitung betrieben. Das Geheimnis für einen wohlschmeckenden Kaffee liegt in der „heiligen Dreifaltigkeit" – Sorte, Röstung, Zubereitung – und auf alle drei Komponenten wird hier besonderes Augenmerk geworfen. Die Bohne, handgepflückt, ist von hoher Qualität. Vom Röstvorgang verstehen die Herrschaften auch etwas. Und in der Zubereitung sind sie Baristameister: Jede Tasse Kaffee wird mit Latte-Art versehen, sodass der Kaffee auch stets für das Auge ein Genuss ist. Geröstet wird viermal in der Woche. Wer will, bekommt nebenher eine kleine Einführung gratis. Wählen kann man bei Kaufmanns zwischen 6 Espressomischungen und 10 Kaffeemischungen (auch als Filterkaffee zu haben), alle selbst komponiert. Wer tiefer in die „Wissenschaft" der richtigen Kaffeezubereitung eindringen möchte, kann dies auf regelmäßig stattfindenden Workshops und Schulungen erlernen.

Jawlenskystraße 1
65183 Wiesbaden
Tel. 0611/51027645

www.kaufmanns-
kaffeeroesterei.de
Di. – Fr. 10 – 18.30 Uhr,
Sa. 10 – 16 Uhr

Confiserie Kunder

Bereits im Eingang kündigt der rote Teppich an, dass dies ein ganz besonderes Geschäft ist. Hier ist der Kunde noch König, ein König im Schokoladenhimmel. Schokoladenträume soweit das Auge reicht: über 100 feinste Pralinensorten in der Glasauslage, erlesene Confiserie-Pasteten, schokolierte Früchte, kleine Patisserie-Kreationen, hochwertige Trinkschokoladen und eine große Auswahl an Teegebäcken.

Bei Kunder gehen die kreativen Ideen nie aus, seien es die Museumspralinen Blaue Reiter oder die Oranje-Praline, die offizielle Königspraline, die anlässlich des Besuchs des niederländischen Königspaares kreiert wurde und bis heute mit ihrem Orangenaroma gustatorisch verwöhnt. Hier lässt man sich immer etwas einfallen. Der Verkaufshit ist jedoch schon seit einem Jahrhundert das Wiesbadener Ananastörtchen, eine Komposition aus Schokolade, Nougat, Marzipan, Ananas, Mandeln und nougatgefülltem Boden. Die Praline hat den noblen Kurgästen so gemundet, dass Konditormeister Kunder bereits 1903 diese Köstlichkeit patentieren ließ. Und bis heute wird diese Wiesbadener Spezialität neben dem Teufels Birnchen oder dem Venus Brüstchen in alle Teile der Welt verschickt.

Wilhelmstraße 12 · 65185 Wiesbaden
Tel. 0611/301598 · www.kunder-confiserie.de
Mo. – Fr. 9 – 18.30 Uhr, Sa. 9 – 16 Uhr

Luxusperle

„Gönn dir doch ein bisschen Luxus" – das ist das Motto der beiden quirligen Designerinnen Verena Gast und Alexandra Panchenko, und das zu moderaten Preisen! Das Verkaufskonzept ist aufgegangen, die filigranen Schmuckstücke sind mittlerweile nicht nur in Wiesbaden Must-haves. Die Ladengründung hat sich aus einer Reihe von Zufällen ergeben. Erste Erfolge feierten die beiden jungen Frauen 2013 auf Märkten der Region. Der Ansturm auf das vielfältige Angebot an Schmuckstücken war so groß, dass 2015 zwangsläufig ein eigener Laden her musste. Wie ein „Candyland" in Rosa, wobei anstelle der Süßigkeiten hier süße Träume aus Silber verkauft werden. Mit ihrer Produktpalette haben die Ladeninhaberinnen eine Marktlücke zwischen Modeschmuck und Juwelierstücken geschlossen. Das Besondere ist, dass alle Stücke ganz individuell nach Gusto und Maß des Kunden gestaltet und graviert werden können. Das kann dann auch schon mal das EKG und der Herzschlag eines Embryos sein. Die handgeschriebenen Namen der Kinder auf einem Papier genügen meist und die beiden können in ihrem Atelier ans Werk gehen.

Saalgasse 32 · 65183 Wiesbaden · Tel. 0176/55143421
Mo. – Fr. 11 – 14 Uhr, 15 – 19 Uhr, Sa. 11 – 18 Uhr

Nerostraße 39
65183 Wiesbaden
Tel. 0611/18179363

www.nero39.de
Mo. – Fr. 10 – 18.30 Uhr,
Sa. 10 – 16.30 Uhr

Buch-Café Nero 39

So wahnsinnig wie einst Kaiser Nero sind die beiden Inhaber Probst und Deyer des gemütlichen Buch-Cafés wahrlich nicht, auch wenn sich das Buchangebot hier deutlich vom Standard abhebt. Hier findet man sicherlich Bücher, die man sonst nicht im Buchhandel sieht. Zum Sortiment gehören Bücher kleinerer und unbekannter Verlage, die das Buch auch als alte Handwerkskunst verstanden haben möchten. Allein das Anfassen der Buchseiten sollte sinnliche Eindrücke hervorrufen.

Der Schwerpunkt im Nero liegt neben deutschen Verlagen auch auf englischer Literatur, was gut von den Wiesbadenern angenommen wurde. Hier findet man Belletristik, Graphic Novels, Sachbücher und eine interessante Auswahl an Kinderbüchern. Ein Blick über die Regale enthüllt immer wieder die eine oder andere kleinere Überraschung; so kommt schon mal die fantastische Welt eines Hieronymus Bosch als Kinder-Bilderbuch daher. Das Nero ist eine kleine Ruheoase. Für Entschleunigung sorgen neben Baumästen die stylischen Sessel, in denen man förmlich versinkt, und der Kamin, der eine heimelige Atmosphäre schafft. Bei einer Tasse frisch gebrühten Kaffees oder Tees ist Schmökern schon vorprogrammiert. Ein ganz besonderes Angebot ist das Einschließen und Genießen, abends alleine und ohne Buchhändler, dafür aber mit einem Gläschen Wein, einer Tasse Tee oder ein paar Häppchen – ganz nach eigenem Gusto. So macht Lesen Spaß!

Paperbeck

In Zeiten, in denen Nachrichten und Grüße per Laptop und Smartphone eine Selbstverständlichkeit sind, ist das Schreiben auf hochwertigem Papier und Tinte fast schon ein Kuriosum. Das sollte sich vielleicht mal wieder ändern. Eine schöne Auswahl an Papier und Schreibgeräten aller Art gibt es in Hülle und Fülle, und im Paperbeck verteilt sich das gesamte Sortiment auf ca. 45 m² bis an die Decke. Das Familienunternehmen, das seit 30 Jahren den kleinen Laden direkt am Kochbrunnenplatz führt, hat mittlerweile seine Produktpalette erweitert. Das größte und wohl auch abwechslungsreichste Kartensortiment, das sich deutlich vom Standard abhebt, gehört ebenso zum Markenzeichen wie die vielen kleinen Geschenkartikel. Ganz gleich ob Servietten, Glücksbringer, Taschen oder andere Heimaccessoires – hier geht man ganz sicher nicht ohne eine Kleinigkeit raus. Neben der Auswahl der Produkte von marktführenden Herstellern wie Rössler, Waldmann und Co. achten die Inhaber darauf, auch kleinere, familiengeleitete Unternehmen und Manufakturen zu unterstützen. Taschen und Mäppchen vom Offenbacher Hersteller Augenthaler und Heberer oder der Ludwigshafener Sonnenleder, aber auch die unglaublich angesagten Drahtkreationen von good old friends oder die hippen Wortbilder von nogallery sind willkommene Geschenkartikel.

Kranzplatz 5-6   Tel. 0611/523180
65183 Wiesbaden   www.kiezkaufhaus.de

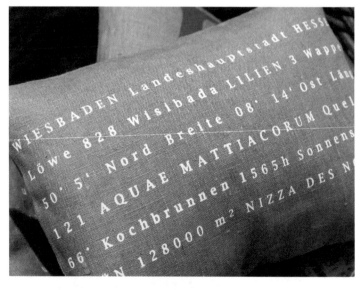

StadtStück

Die schönsten Erinnerungen behält man im Herzen, die zweitschönsten bekommt man hier im StadtStück. Seit vier Jahren verwöhnt und verschönert das Ehepaar Wasem-Thiele das Leben und Zuhause Vieler mit ihren ausgesuchten Mitbringseln aus Wiesbaden und der Region Hessen, fernab von Kitsch und Klischee. In den Regalen findet ihr neben regionalen Weinen, Konfitüren und Gewürzmischungen auch ausgesuchte und spezielle Souvenirs: äußerst leckere Plätzchen in Form von Wiesbadener Sehenswürdigkeiten oder Bade- und Seifenprodukte, die mit Wiesbadener Sekt angereichert wurden – da ist ein prickelndes Schaumerlebnis schon Programm. Fast alle Produkte werden von kleinen Manufakturen und Ateliers in Zusammenarbeit mit der kreativen Ladenbesitzerin hergestellt. Besonders schön ist die Kissenserie – alles Unikate – mit Wiesbadener Sightseeing-Motiven oder Schriftzügen. Dass man wirklich hippe und dazu noch alltagstaugliche Dinge aus recycelten Materialen herstellen kann, beweist die Manufaktur rething, die die Lilybags nähen, trendige Einkaufstaschen aus ehemaligen Fahnen. StadtStück hat es geschafft, dass selbst Einheimische zum Shoppen und Stöbern gerne kommen. Also, nichts wie hin!

Goldgasse 5 · 65183 Wiesbaden
Tel. 0611/89044223 · www.stadtstueck.de
Mo. – Fr. 10 – 18.30 Uhr, Sa. 10 – 15 Uhr

xocoatl

Mit süßen Genüssen lässt sich die Lust am Leben am besten versüßen. Der Besuch der Chocolaterie xocoatl im Altstadt-Schiffchen ist etwas ganz Besonderes für alle Sinne. Empfangen wird man in dem kleinen Lädchen von einem feinen und doch intensiven Schokoladenaroma, bunte und erlesene Verpackungen wohin das Auge reicht, und wenn man dann auch noch den zarten und harmonischen Schokoladenschmelz im Mund verspürt, wähnt man sich im Lande der Schokoladenträume. Seit über 11 Jahren verwöhnt Katrin Flietner ihre Kunden mit über 600 Schokoladenprodukten – alle wohlgemerkt aus ausgesuchten Confiserien und von Chocolatiers, die ihr Handwerk aufs Vortrefflichste verstehen. Schokoladen namhafter Hersteller wie Amatler, Bonnat oder Felchlin finden hier ihren Platz, aber auch kleinere Manufakturen wie Raaka oder Pump Street Bakery, die als Bean-to-Bar-Hersteller produzieren (die Kakaobohnen werden direkt angekauft und vor Ort gemahlen und verarbeitet), sind vertreten. Geschmack ebenso wie Qualität liegen der Inhaberin sehr am Herzen; die meisten ihrer Produzenten kennt sie persönlich und alle Schokoladen wurden selbstverständlich probiert. Das merkt man auch an der erstklassigen und stets fundierten Beratung.

Wir führen auch:
→ vegane Schokolade
→ nussfreie Schokolade
→ milchfreie Schokolade
→ glutenfreie Schokolade
→ zuckerfreie Schokolade

Sie finden bei uns die feinsten Schokoladen der renommiertesten Chocolatiers der Welt!

→ Åkesson's (England)
→ Anysetiers du Roy (Frankreich)
→ Amatller (Spanien)
→ Amedei (Italien)
→ Amelia Rope (England)
→ Bachhalm (Österreich)
→ Bonnat (Frankreich)
→ Booja Booja (England)
→ Caffarel (Italien)
→ Chocolate (Spanien)
→ Chocolate Tree (Schottland)
→ Clement Chococult (Deutschland)
→ Claudio Corallo (São Tomé)
→ Dolce di Alba (Italien)
→ Dolfin (Belgien)
→ Domori (Italien)
→ Grenada Chocolate Company
→ Hamann (Deutschland)
→ Idilio (Schweiz)
→ Felchlin (Schweiz)
→ Kaffee König (Deutschland)
→ Kakao Kontor (Deutschland)
→ Marou (Vietnam)
→ Menakao (Madagaskar)
→ Meisterwerk (Deutschland)
→ Michel Cluizel (Frankreich)
→ Oialla (Dänemark)
→ Original Beans (Niederlande)
→ Pacari (Ecuador)
→ Pralus (Frankreich)
→ Prestat (England)
→ Quai Sud (Frankreich)
→ Rococo (England)
→ Rösch
→ Ravi
→ Scitti (Italien)
→ Summer
→ Summerdown (England)
→ Taza (USA)
→ Omnom (Island)
→ Pump Street Bakery (England)
→ Tiroler Edle (Österreich)
→ Valrhona (Frankreich)
→ Venchi (Italien)

Grabenstraße 24   www.xocoatl.de
65183 Wiesbaden   Mo. – Fr. 10 – 18.30 Uhr,
Tel. 0611/3417364   Sa. 10 – 16 Uhr

Luxemburgplatz 5
65185 Wiesbaden
Tel. 0611/50589372

www.weinveritas.de
Di. – Fr. 14 – 19 Uhr,
Sa. 12 – 18 Uhr

Weinveritas

In vino veritas – im Wein liegt die Wahrheit, glaubt man dem Sprichwort. Die Wahrheit über ihre Weine kennt Katharina Wegner zweifelsohne, denn „in die Regale kommt nur, was getestet und für gut befunden wurde" (O-Ton!). Das reiche Angebot an Weinen vom Douro bis zur Algarve kann sich wirklich sehen und schmecken lassen! Zu den meisten ihrer überwiegend jungen Winzer hat die Inhaberin auch persönlichen Kontakt, ist schon über die Wingerte geschlendert und hat in die Weinfässer geschaut. Warum gerade portugiesische Weine, so fragt wohl nur ein Nicht-Connaisseur. Laut Wegner war es „die Liebe zu den Menschen, zum Land und natürlich zu den Weinen". Zudem hatte sie wohl die richtige Spürnase, denn portugiesische Weine sind längst mehr als nur Portwein. Mittlerweile ist Wegner sogar portugiesische Weinbotschafterin. Alle weiteren Produkte des Concept-Stores sind ebenfalls von erlesener Qualität, ob wohlriechende Männerdüfte oder feine Keramik. Alles entstammt wohlgemerkt kleinen portugiesischen Manufakturen. Was ebenfalls im Sortiment nicht fehlen darf, sind regionale Weine aus Deutschland; auch hier werden junge und innovative Winzer favorisiert und selbstverständlich wird auf Bio-Qualität geachtet. Abgerundet wird das Angebot durch Tastings und verschiedene Events, bei denen die Vielfältigkeit der portugiesischen Weine degustiert werden kann.

"Grenzen überwinden"

Kultur

Kultur wird in der Landeshauptstadt seit jeher großgeschrieben. So pilgern jährlich Tausende von Besuchern zu den Internationalen Maifestspielen, die das Hessische Staatstheater (s. S. 156) ausrichtet: große Namen, leichte und schwere Stücke sowie Inszenierungen für jedermanns Geschmack. Die Caligari Filmbühne (s. S. 136), etwas versteckt hinter der Marktkirche, hat „schon ewig" Kultstatus und ist nicht nur etwas für Cineasten. Internationale Bekanntheit besitzt auch das Hessische Landesmuseum (s. S. 142). Mit seinen Jawlensky-Exponaten hat es eine über Europas Grenzen hinausreichende wichtige Expressionisten-Sammlung. Wer sich vielleicht wie schon einst Dostojewski im Spiel mit der kleinen weißen Kugel um Kopf und Kragen spielen möchte, ist im traditionsreichen Casino im Kurhaus (s. S. 152) goldrichtig. Zarengold, wenn auch nur auf Kirchtürmen, findet man an der Russischen Kapelle (s. S. 146) am Neroberg. Von Weitem leuchten und funkeln die Türme – sie sind ein beliebtes Ziel vieler Reisegruppen. Liebhaber der klassischen Musik finden bestimmt bei den Konzerten im Kurhaus (s. S. 152) das Richtige – im Sommer auch den Jazz vor der Konzertmuschel im Kurgarten. Junge, Junggebliebene und solche, die es gern lauter haben, sollten in jedem Fall in den Schlachthof (s. S. 148) hinter dem Bahnhof gehen, hier gibt es unter anderem viel Indie zu hören. Die Heidenmauer (s. S. 138), die irrtümlicherweise diesen Namen trägt, ist das einzige noch sichtbare Zeugnis römischer Vergangenheit und somit auch Wiesbadener Stadtgeschichte und lohnt ganz sicher einen kurzen Abstecher.

Caligari Filmbühne

Um ein ganz besonderes Kino, ein „Juwel unter den deutschen Lichtspielhäusern" (Volker Schlöndorff), handelt es sich beim Caligari, das bereits 1926 als „Ufa im Park" und Stummfilm-theater eröffnet wurde. Cineasten werden hier ganz sicher voll auf ihre Kosten kommen. Gezeigt wird ein anspruchsvolles und abwechslungsreiches Programm: internationale wie deutsche Filme, häufig in thematischen Filmreihen zusammengefasst, Filmgeschichte, Kurzfilme, Avantgarde, Kurzfilme oder Stumm-filme (begleitet von Livemusik), aber auch Raritäten wie die frü-heste filmische Version des „Faust". Hier kommt auf die Lein-wand, was nicht im Mainstream läuft! Mittlerweile wird das Caligari täglich bespielt, in der Woche kommen 18 – 20 Vorstel-lungen zusammen. Besonderer Beliebtheit erfreuen sich Filmfes-tivals, bei denen Gäste aus der Filmwelt anwesend sind. Nicht vergessen werden sollte, dass hier auch der deutsche Fernseh-krimipreis verliehen wird.

Der aufwendig restaurierte und renovierte Innenraum, der zu den schönsten in ganz Hessen zählt, bietet aber auch den pas-senden Rahmen: Die schwarzen Wände gehen mit den roten Kinosesseln, der geschwungenen Wellendecke und den golde-nen Dekorationselementen eine unvergleichliche Symbiose ein – elegant, extravagant und eindrucksvoll. Kein Wunder, dass das Caligari auch zu den großen Abräumern gehört, wenn es um die Kinokulturpreise geht.

Marktplatz 9 · 65183 Wiesbaden · Tel. 0611/315050
www.wiesbaden.de/microsite/caligari

Coulinstraße 11   65183 Wiesbaden

Die Heidenmauer und das Römertor

Ein Muss auf einem kleinen historischen Rundgang durch Wiesbaden ist die Heidenmauer mit dem Römertor in der Coulinstraße nahe der Kaiser-Friedrich-Therme. Die Heidenmauer stammt vermutlich aus der römischen Zeit Wiesbadens um 370 n. Chr. und ist somit das älteste Bauwerk der Stadt. Sichtbar sind heute nur noch etwa 80 Meter von den nachweisbaren ursprünglichen 500 Metern. Ob als Wehrmauer zum Schutz der Siedlung gegen die Germanen oder als Teil einer längeren Wasserleitung gebaut, ihre Funktion ist nach wie vor ungewiss. Die Reste der Heidenmauer wurden 1902 im Zuge einer Straßenerweiterung durchbrochen. Das Römertor, eine Treppenanlage mit Türmen, Haupt- und Nebentor und einem überdachten Wehrgang, wurde 1903 in die Mauerfragmente integriert. Seit 1980 dient das Römertor auch als Fußgängerüberweg. Es gibt Pläne, den Bau mit einer modernen Aussichtsplattform zu erweitern.

Kuckucksuhr

Scher dich doch zur Kuckucksuhr – das solltet ihr in Wiesbaden tatsächlich mal machen, denn immerhin handelt es sich bei dieser Uhr um eine ganz besondere Sehenswürdigkeit. Auch wenn der Gelehrtenstreit, ob das Wiesbadener Exemplar die größte Kuckucksuhr der Welt sei, nicht mehr ausgefochten wird (Platz 3 auf der Rangliste!), pilgern seit Jahrzehnten Scharen von Touristen zu der Schwarzwälder Attraktion. 1946 wahrscheinlich als Werbegag von Souvenirverkäufer Emil Kronenberger aufgestellt, ziert sie seit 1953 die Hausfassade. Zwischen 18 und 20 Uhr zeigt sich alle halbe Stunde der Kuckuck, lässt seinen Ruf schallen und ein kesses Pärchen schwingt das Tanzbein. Ein beliebtes Motiv für ein Selfie!

An den Quellen 3 · 65183 Wiesbaden
www.gifts-from-germany.com
Mo. – Fr. 9 – 19 Uhr, Sa. 9 – 18 Uhr

Hessischer Landtag

Der Hessische Landtag befindet sich seit 1946 im ehemaligen Stadtschloss der Herzöge von Nassau. Das schlichte aber imposante Gebäude (erbaut 1837 – 1842) ist von keiner Postkarte wegzudenken und ist auch Kulisse in einigen TV-Krimis. Beliebt ist der Landtag bei den zahlreichen Besuchern aus einem anderen Grund, denn hier kann man den Politikern auch mal über die Schulter schauen. Jeden Samstag finden um 15 Uhr kostenlose Führungen durch den historischen, vor allem aber auch den modernen Gebäudeteil statt, in dem sich der eindrucksvolle Plenarsaal befindet.

Schlossplatz 1 · 65183 Wiesbaden · Tel. 0611/350294

Hessisches Landesmuseum

Museen haftet zuweilen der Makel des Verstaubten und Antiquierten an – nicht so dem Hessischen Landesmuseum. Die zwischen 1912 und 1920 erbaute Anlage erstrahlt heute dank gelungener Sanierungs- und Neugestaltungsarbeiten in den 90er-Jahren in modernem Glanz. Das Konzept Neubau im Altbau präsentiert die umfangreiche Sammlung in hellen und großzügigen Ausstellungsräumen, die Kunstwerke sind somit unmittelbar erfahrbar. Das Hessische Landesmuseum ist aber vor allem auch aufgrund seiner Exponate etwas Besonderes. Es besitzt nicht nur eine sehr umfangreiche Sammlung des Expressionisten Alexej von Jawlensky (der in Wiesbaden gelebt hat und hier auch begraben liegt), auch die Alten Meister der Moderne und Gegenwart finden hier einen würdigen Rahmen. Besonders eindrucksvoll für Alt und Jung sind wohl die Stücke der Naturhistorischen Abteilung, die nach Themen wie Form und Farbe aufgestellt sind – so kann es schon mal passieren, dass der Besucher erstaunt vor Hunderten von Schneckenhäusern steht.

Den Anstoß zur Sammlung hat übrigens kein Geringerer als Goethe gegeben; als Kurgast hat er den Staat Nassau zum Kauf der Sammlung des Freiherrn von Gerning angeregt. Er wacht auch heute noch über die Sammlung – wenn auch nur als Statue vor dem Eingang.

Friedrich-Ebert-Allee 2   www.museum-wiesbaden.de
65185 Wiesbaden   Di., Do. 10 – 20 Uhr,
Tel. 0611/3352250   Mi., Fr. – So. 10 – 17 Uhr

Schlossplatz 4   Tel. 0611/9001611
65183 Wiesbaden   www.marktkirche-wiesbaden.de

Die Marktkirche und das Carillon

Zur Zeit ihrer Errichtung Mitte des 19. Jahrhunderts galt die evangelische Marktkirche als das größte Backsteingebäude im gesamten Herzogtum Nassau. Heute ist ihr zentraler Turm mit seiner stattlichen Höhe von 98 Metern immerhin noch das höchste Gebäude der Stadt und von Weitem sichtbar. Das Majestätische hat die im neugotischen Stil erbaute Kirche aber nicht nur ihrer Größe zu verdanken, auch die Vielzahl von Türmchen und filigranen Fialen tragen zu ihrem erhabenen Aussehen bei. Dem beliebten Wiesbadener Postkartenmotiv sollte man auch einen Besuch im Inneren abstatten. Wer es sich zutraut, kann die 290 Treppenstufen erklimmen und im Rahmen einer Turmbesichtigung das Carillon (ein handgespieltes Turmglockenspiel) bestaunen, das zu den größten, schönsten und klangvollsten in ganz Deutschland gehört! An jedem Samstag, passend zur Marktzeit um 12 Uhr wird es für eine halbe Stunde handgespielt (die Kunst des Carillonneurs ist eine aussterbende). Dem automatischen Glockenspiel mit wöchentlich wechselnden Melodien kann man täglich zuhören, um 9, 12, 15 und 17 Uhr.

Die Russisch-Orthodoxe Kirche

Eine weitere Sehenswürdigkeit, die man sich nicht entgehen lassen sollte, ist die Russisch-Orthodoxe Kirche auf dem Neroberg. Die goldenen Zwiebeltürme erstrahlen schon von Weitem in prächtigem Glanz und versprühen einen ganz besonderen Zauber. Die Kirche ist auch als griechische Kapelle bekannt, was zuweilen schon mal fragende Blicke hervorruft. Die Erklärung ist einfach: Man hat im 19. Jahrhundert alle orthodoxen Kirchen als griechisch bezeichnet.

Dieser mächtige Zentralbau (erbaut 1847-1855) ist die Grabeskirche für die im Kindsbett verstorbene Herzogin Elisabeth Michailowna. Der Herzog scheute keine Mühen und vor allem keine Kosten, und ließ seiner geliebten Ehefrau eine majestätische Ruhestätte erbauen. Ob der würdevolle Sarkophag, die kostbaren Marmor- und Goldverkleidungen oder die wertvollen Ikonen: Die Ausstattung sollte Ausdruck seiner unschätzbaren Liebe sein.

Gegen ein kleines Eintrittsgeld kann man außerhalb der Gottesdienstzeiten das Kleinod besichtigen. Aber auch die traumhafte Aussicht auf die Stadt und Umgebung lohnt allemal.

Christian-Spielmann-Weg 1   Tel. 0611/9590994
65193 Wiesbaden   www.roc-wiesbaden.de

Murnaustraße 1   Tel. 0611/974450
65189 Wiesbaden   www.schlachthof-wiesbaden.de

Kulturzentrum Schlachthof

Die erste Adresse für all jene, die es nicht so mit der „hehren Kultur" in Wiesbaden haben, ist das Kulturzentrum Schlachthof rund um den denkmalgeschützten historischen Wasserturm hinterm Hauptbahnhof. Der Schlachthof bietet ein sehr abwechslungsreiches Programm. In zwei Veranstaltungsräumen finden fast täglich, oft auch gleichzeitig, Musikkonzerte aller Richtungen statt: vom Indie-Rock über Hardcore-Punk, von Death Metal bis zur Singer-Songwriter-Folklore. Partys, Tanzveranstaltungen, Food-Events, Poetry-Slam, Flohmärkte und Theateraufführungen, um nur einige Programmpunkte zu nennen, runden das ganze Spektrum ab. Von den Lesern des Magazins Intro wurde der Schlachthof bereits zum zweiten Mal in Folge zum besten Musikclub Deutschlands gewählt.

Nebenan, an der ehemaligen Viehverladerampe, erinnert ein Mahnmal an die Deportation von Wiesbadener Juden in Konzentrationslager während des Holocausts. Eine Allee von Kastanien, deren Pflanzschalen mit Wortfragmenten aus Abschiedsbriefen von zusammengetriebenen Juden und Jüdinnen versehen sind, führt zu den Resten der Rampe, auf denen Wiesbadener Künstler ergreifende Szenen der Deportation dargestellt haben: Jüdische Mitbürger besteigen die Züge, die sie in den Tod bringen werden. Die emotionale Tiefe dieser Darstellung und ihre menschliche und politische Dimension liegt in der Schlichtheit: Jeder kennt Abschiedsszenen, aber diese? Man schaue nur in die Gesichter!

Kurhaus und Spielkasino

Das Kurhaus mitsamt Spielkasino ist das Wahrzeichen Wiesbadens und verkörpert den einstigen mondänen Glanz schlechthin. Es wurde 1907 gebaut, in einer Zeit, in der Wiesbaden als Kur- und Bäderstadt auf ihrem Höhepunkt stand und Gäste höchsten Ranges hier saunierten. Bereits in der Wandelhalle, unter einer Kuppel mit eindrucksvollen Marmorverkleidungen an Wänden, Boden und Götterstatuen, wird die Noblesse spürbar. In den insgesamt 10 Sälen, alle sehr aufwendig und opulent ausgestattet, finden Tagungen, Kongresse und Kulturveranstaltungen verschiedenster Art statt. Am bekanntesten ist wohl das Spielkasino, das im ehemaligen Weinsaal untergebracht ist und auf eine lange Tradition zurückblicken kann. Der wohl prominenteste Gast, der russische Autor Dostojewski, hat sich hier bereits um Kopf und Kragen gespielt (der originale Roulettekessel von 1865 ist im Eingangsbereich aufgestellt). Auch Reichskanzler Otto von Bismarck und der King of Rock'n'Roll, Elvis, suchten ihr Glück im Lauf der kleinen weißen Kugel. In elegant-intimer Atmosphäre werden in holzgetäfelten Sälen an den Tischen täglich die Jetons geworfen und die Roulette vom Croupier betätigt, während er sein obligatorisches „Rien ne va plus" in die umstehende Menge raunt. Nebenher kann sich der Besucher auch an Black Jack oder Poker versuchen. Wer das ‚Kleine Spiel', also das Spiel an Automaten bevorzugt, kommt nebenan in der Kurkolonnade, die übrigens mit 129 Metern die längste in Europa ist, auf seine Kosten.

Kurhausplatz 1   www.spielbank-wiesbaden.de
65189 Wiesbaden   tägl. 12 – 04 Uhr

Hessisches Staatstheater

Vorhang auf und Bühne frei für das Hessische Staatstheater! Es gehört zu den bekanntesten Theatern Deutschlands und hat sich weit über die Landesgrenzen hinaus einen Namen gemacht. Ende des 19. Jahrhunderts erbaut, sollte der Prachtbau nicht nur den zahlreichen Kurgästen kulturelle Abwechslung bieten, sondern auch Wiesbadens prominentestem Gast, Kaiser Wilhelm II., einen angemessenen Rahmen liefern. Schließlich wurden ihm zu Ehren jährlich die kaiserlichen Festspiele aufgeführt. Auch heute noch zeugt die monumentale Schaufront mit dem imposanten Portikus (zum Warmen Damm hin) von der einstigen Pracht. Ein Hingucker ist außerdem das pompös-üppige Foyer mit seiner eindrucksvollen Doppeltreppe, hier glänzt und glitzert alles in Marmor und Gold. Geboten wird so einiges, mit immerhin drei Bühnen und einem äußerst abwechslungsreichen Programm: Oper, Schauspiel, Ballett, Musiktheater, Lesungen, moderne Inszenierungen und einiges mehr – selbst für Theatermuffel ist etwas dabei. Eine Besonderheit stellen die Darbietungen von Kindern und Jugendlichen dar, die professionell angeleitet werden und bundesweit Anerkennung genießen. Man sollte auf keinen Fall die Internationalen Maifestspiele verpassen: Hochkarätige Aufführungen werden hier jährlich begeistert vor einem regionalen und internationalen Publikum dargeboten.

Christian-Zais-Straße 3 · 65189 Wiesbaden
Tel. 0611/1321 · www.staatstheater-wiesbaden.de

Velvets Theater

Puppen schweben wie von Geisterhand bewegt, Schwerter kommen aus dem Nichts geflogen – das Spiel mit der Illusion und Magie gehört zum Markenzeichen des Velvets Theaters. Seit 45 Jahren verzaubert das Spielensemble im wahrsten Sinne des Wortes ihr großes und kleines Publikum. Dabei werden die „special effects" nicht durch ausgeklügeltes und modernes Hightech erreicht; optische Täuschung entsteht hier durch das Spiel mit Licht und Schatten, dem Einsatz von Spiegeln, einer schwarzen „Guckkastenbühne" und den schwarz gekleideten Spielern, die für das Publikum unsichtbar bleiben. Diese bewegen die bunt bemalten Puppen und Gegenstände durch eine schmale Lichtgasse, zu sehen sind dabei nur die sich frei bewegenden Puppen und Objekte – eine tolle Illusion! Zusätzlich arbeitet man auch mit lebenden Darstellern und setzt für ganz besondere Effekte Schwarzlicht ein. Das Velvets, 1967/68 in Prag gegründet, gehört zu den „Schwarzen Theatern", derer es weltweit nur wenige gibt. Aufgeführt werden neben Klassikern wie „Der kleine Prinz" auch eigene Produktionen, aber auch Gastspiele gehören mit zum Programm. Wenn ihr mal eine ganz besondere Aufführung voller Magie und besonderem Zauber erleben wollt, dann seid ihr im Velvets goldrichtig.

Schwarzenbergstraße 3 · 65189 Wiesbaden
Tel. 0611/719971 · www.velvets-theater.de

Choose
Your Own
Message

Relaxen

Wiesbaden ist eine Stadt im Grünen. Vor allem das ausgedehnte Waldgebiet um den Neroberg – auch Hausberg genannt – bietet viele Aktivitäten. Wer es sportlich mag, schwingt sich von Baum zu Baum im Kletterwald (s. S. 176). Für gemütliche und lehrreiche Spaziergänge ist der Walderlebnispfad (s. S. 184) eine gute Adresse, und anschließend lässt es sich mit einem kühlen Blonden in der Erlebnismulde besonders gut entspannen – mit einem tollen Blick auf den kleinen Tempel und über die Stadt!

Zahlreiche grüne Oasen laden auch inmitten der City zum Relaxen ein. Ein kleines Idyll ist der Kurpark (s. S. 166), der mit seiner Vielzahl an alten und exotischen Bäumen und dem romantischen Weiher nicht nur etwas fürs Auge ist, sondern auch der Seele guttut. Hier turtelte einst schon Elvis Presley mit seiner Priscilla!

Die beste Entspannung allerdings ist und bleibt ein wohltuendes Bad in der Kaiser-Friedrich-Therme (s. S. 162), die schon von den Römern geschätzt wurde. Wer einen Schluck des Wiesbadener Heilwassers probieren möchte, dem sei eine Kostprobe aus dem Kochbrunnen (s. S. 164) empfohlen, der als eines der Wiesbadener Wahrzeichen stets hoch frequentiert ist.

Kaiser-Friedrich-Therme

Der Besuch der Jugendstiltherme ist ein ganz besonderes Entspannungserlebnis, denn nicht überall bekommt man ein modernes Spa- und Verwöhnprogramm in historischem Ambiente (an dieser Stelle haben bereits die Römer geschwitzt) geboten. 1913 errichtet, in einer Zeit, in der Wiesbaden mehr (hochkarätige) Kurgäste als Einwohner besaß, ist die Kaiser-Friedrich-Therme auch heute noch beeindruckend, auch wenn das eher unscheinbare Äußere dies nicht vermuten lässt. Edle Marmorverkleidungen, hochwertige Mosaikarbeiten und Wandmalereien empfangen den Besucher bereits im Eingangsbereich. Und das Angebot an Verwöhnmöglichkeiten im Inneren lässt keine Wünsche offen. Gespeist wird die Therme übrigens ausschließlich mit Wiesbadener Quellwasser, u. a. mit dem 67 Grad heißen Wasser der Adlerquelle. Finnische Sauna, römisches Dampfbad und ein großes Schwimmbecken gehören zur gängigen Ausstattung einer Therme. Sudatorium, Frigidarium, Sanarium, Lumenarium oder Lavacrum sind ganz besondere Angebote, die man erlebt haben muss. Einen erfrischenden Tropenregen gibt es im Frigidarium, mit farbigen Lichtspielen kann man im Lumenarium entspannen, ätherische Öle verwöhnen einen im Sanarium. Das alles verspricht doch eine entspannte Auszeit mit absolutem Wohlfühlcharakter!

Langgasse 38 – 40
65183 Wiesbaden
Tel. 0611/317060
www.wiesbaden.de/mattiaqua

1. Mai – 31. Aug. tägl. 10 – 22 Uhr,
1. Sep. – 30. Apr. So. – Do. 10 – 22 Uhr,
Fr., Sa. bis 24 Uhr;
Di. ist Damentag

Kranzplatz · 65183 Wiesbaden

Kochbrunnen

In der Stadt der heißen und heilsamen Quellen gehört der Besuch eines Brunnens fast schon zum touristischen Pflichtprogramm. Die bekannteste der insgesamt 26 Quellen speist seit dem letzten Jahrhundert den Kochbrunnen am Kranzplatz. In Form eines antiken Pavillons ist der Kochbrunnen stets auch ein beliebtes Postkartenmotiv. Einst wurde das kostbare Quellwasser eigens von Brunnenmädchen den Kurgästen dargeboten, heutzutage darf sich jedermann an der begehrten Zapfanlage bedienen. Sowohl Wiesbadener als auch Touristen schätzen das ca. 67 Grad heiße Quellwasser, das mit Natriumchlorid angereichert ist. Der etwas befremdliche Geschmack wird nach dem ersten Schluck recht schnell vergessen, denn schließlich wird dem Quellwasser heilsame Wirkung zugesprochen.

Kurpark

Es gab einmal Zeiten (bis 1970!), da mussten Gäste fürs Verweilen im noblen Kurpark Eintrittsgeld bezahlen. Heutzutage ist der malerische, nach englischem Vorbild angelegte Landschaftsgarten zum Glück für jedermann frei zugänglich. Weite Wiesenflächen, eine Vielzahl an alten und exotischen Baum- und Zierpflanzen und der zentrale Weiher mit seiner 6 Meter hohen Springfontäne bieten eine willkommene Ruhe- und Wohlfühloase. Dank des doch sehr milden Klimas gedeihen Exoten wie die amerikanische Sumpfzypresse, der japanische Fächerahorn, Magnolien, Rhododendren und Tulpenbäume hier aufs Vorzüglichste und sind gerade im Frühling und Sommer eine wahre Augenweide. Wer es etwas romantischer mag, sucht sich ein lauschiges Plätzchen unter den ausladenden, schattenspendenden Baumkronen oder mietet sich ein kleines Tret- oder Ruderboot und schippert gemütlich über den Weiher. Eine musikalische Institution ist die Konzertmuschel, zwischen Kurhaus und Weiher gelegen. Hier finden zahlreiche Veranstaltungen statt, besonderer Beliebtheit erfreuen sich zweifelsohne der Jazz-Frühschoppen, der von Mai bis September jeden Sonntag stattfindet und die Open-Air-Jazzkonzerte der Reihe „Live im Park".

Hinter dem Kurhaus
Kurhausplatz 1 · 65189 Wiesbaden

Nerotal 66　　www.eswe-verkehr.de/
65193 Wiesbaden　　nerobergbahn
Tel. 0611/2368500

Neroberg und Nerobergbahn

Ein idealer Ort zum Entspannen und Erholen ist der 245 Meter hohe Neroberg – die angenehme Kühle und der atemberaubende Panoramablick auf das Rhein-Main-Gebiet bis zum Odenwald lohnen immer. Wer es sportlich mag, läuft den ansteigenden Wanderpfad per pedes und genießt die Waldatmosphäre, mit dem Auto geht es natürlich viel schneller.

Der Wiesbadener Hausberg ist auch eine touristische Attraktion. Von Weitem lockt der weiße, an einen antiken Monopteros erinnernde Rundtempel. Nicht nur als Fotomotiv ist er heiß begehrt, man hat von hier die beste Aussicht auf die Stadt. Hinter dem Tempel befand sich ehemals das luxuriöse Neroberg-Hotel aus dem 19. Jahrhundert, von dem heute nur noch der Turm übriggeblieben ist. Das Bistro im Turm samt Biergarten und vor allem die Erlebnismulde in Form eines Amphitheaters sind an schönen Tagen und dank Kleinkunstaufführungen besonders stark frequentiert – von Silvester ganz zu schweigen. Am bequemsten erreicht man die Höhe mit der Nerobergbahn, der einzigen Zahnradstangenbahn, die in Deutschland noch in Betrieb ist. Die nostalgischen, gelb-blau lackierten Waggons legen die 440 Meter lange Strecke mit 26% Steigung in 4 Minuten zurück. Der obere Waggon wird mit Wasser betankt und zieht mit diesem Gewicht den unteren Waggon nach oben. Auf halber Strecke befindet sich ein Ausweichgleis – hier können sich Trauungswillige sogar das Ja-Wort geben.

Opelbad

Wer das blaue Nass mit angenehmen 24 Grad über den Dächern von Wiesbaden genießen möchte, der geht ins Opelbad auf dem Neroberg. Nicht weit von Tempel und Kletterwald gelegen, präsentiert sich das Freibad als ein Highlight der Bauhausarchitektur. Und die hat wirklich Seltenheitswert in Wiesbaden! Kubisch, geradlinig, abstraktweiß und von schlichter Eleganz zählt das zwischen 1933 und 1934 erbaute Freibad zu einem der ersten und schönsten in ganz Deutschland. Finanziert wurde die Anlage vom Wahl-Wiesbadener Wilhelm von Opel. Die Anlage ist terrassenförmig angelegt, verfügt über ein Schwimmer- und Nichtschwimmerbecken sowie eine Rutsche für die Kleinen. Von der ausladenden Ruhewiese bietet sich ein exklusiver Ausblick auf die Stadt. Für Klein und Groß gibt es zusätzlich neben dem Spielplatz die Möglichkeit, Volleyball, Tischtennis und Freilandschach zu spielen.

Am Neroberg · 65193 Wiesbaden
Tel. 0611/17464990 · In der Freibad-Saison tägl. 7 – 20 Uhr

Warmer Damm

Zum Warmen Damm gelangt man quer über die Wilhelmstraße, dem Prachtboulevard der Stadt. Der Park mit einem Standbild Wilhelms I. wurde im Stil eines englischen Landschaftsgartens angelegt. Seinen Namen hat er von einem ehemaligen Damm am „Warmen Weiher", der als Sammelbecken für die Thermalquellen diente und der später auch als Pferdeschwemme genutzt wurde. Heute werden keine Pferde mehr gewaschen und getränkt, stattdessen spiegeln sich zahlreiche alte und seltene Bäume im Weiher mit der Fontäne. Auf den schattigen Wiesen genießen im Sommer viele Ruhesuchende ihre Mittagspause. Für eine kurze Rast oder zum Chillen ist dies ein idealer Ort. Mittlerweile finden sich auch zahlreiche zutrauliche Wasservögel ein. Der gesamte Park steht unter Denkmalschutz.

Zwischen Wilhelmstraße und
Paulinenstraße

Oder: Zwischen Staatstheater
und Villa Clementine

Spiel und Spaß für die ganze Familie

Für die Kleinen hat Wiesbaden als sehr kinderfreundliche Stadt etliche interessante Freizeit- und Unternehmungsmöglichkeiten auf Lager. Die besten haben wir für euch zusammengestellt. Für Forscher und Entdecker aller Sinne bietet Schloss Freudenberg (s. S. 180) ein wahres Abenteuerland. Der Kletterwald (s. S. 176) mit seinen vielen Kletterparcours bietet Action und Spaß für die gesamte Familie. Wer dagegen Lust hat, den Bären oder Wölfen bei der Fütterung zuzuschauen, der besucht den Tier- und Pflanzenpark Fasanerie (s. S. 178). Aber auch eine Stadtführung mit der Stadtbahn THermine (Info unter www.thermine.de) oder gar mit dem Segway müsste man einfach mal machen.

Kletterwald

Wem der Sinn nach körperlicher Ertüchtigung steht, wer vielleicht an seine Grenzen gehen will oder ganz einfach Spaß haben möchte, ist im Kletterwald auf dem Neroberg goldrichtig. Der Kletterwald gilt als einer der schönsten und höchsten in ganz Deutschland. Zwischen uralten Eichen und Buchen kann Jung und Alt sich an insgesamt 10 Parcours mit unterschiedlichen Höhen versuchen. Ob man an einer Liane von Baum zu Baum schwingt, in Fahrkübeln durch die Lüfte saust oder auf den Spuren der Shaolin-Mönche anspruchsvolle und herausfordernde Pfade mit über 100 Kletterelementen durchschreitet – Spaßfaktor ist hier garantiert! Sogar an die Kleinsten hat man gedacht: Kinder ab vier Jahren können dank der neuesten und besten Sicherheitsstandards ihre feinmotorischen Fähigkeiten austesten.

Neroberg 1   Tel. 0611/5802246
65183 Wiesbaden   www.kletterwald-neroberg.de

Fasanerie

Faszination, Spaß und tierische Attraktion umsonst – wo gibt es denn heutzutage noch so etwas? Mit etwa 50 Haus- und Wildtierarten (Füchse, Luchse, Wisente, Marder, Biberotter, Reh- und Rotwild, und nicht zu vergessen die heimischen Haustiere) auf einem weitläufigen Gelände, ermöglicht die Fasanerie – Mitte des 18. Jahrhunderts noch als Fasanengarten genutzt – einen gelungenen Überblick auf europäische Tierarten und ihre Lebensräume. Im Wasser planschende Bären erleben, den sich im Schlamm suhlenden Säuen zuschauen oder sich die Nase am Drahtzaun plattdrücken, wenn die Wölfe gefüttert werden – das macht einfach nur Spaß! Aber auch dank der naturpädagogischen Zielsetzung, zu der regelmäßige Projekte, Führungen und Aktionen gehören, wird der Tierpark für Jung und Alt immer zu einem ganz besonderen Erlebnis. Die zum Teil sehr alten und exotischen Bäume wie Ginkgo und Mammutbaum bieten an warmen Tagen einen willkommenen Rückzugsort.

Für die Kleinen bietet der Kletter- und Wasserspielplatz im Eingangsbereich Spaß, Spiel und Action. Ein besonderes Highlight ist aber wie immer das Streichelgehege. Ein kleiner Kiosk und das angrenzende Restaurant sorgen zusätzlich für das leibliche Wohl.

Wilfried-Ries-Straße 22 · 65195 Wiesbaden
Tel. 0611/4090770 · www.fasanerie.net

Schloss Freudenberg

Nichts ist so, wie es auf den ersten Blick erscheint. Die Welt steckt voller Überraschungen, die es zu entdecken gilt. Auf Schloss Freudenberg, dem Erfahrungsfeld der Sinne und des Denkens, geht es ums Entdecken, Erforschen und Staunen. An insgesamt 100 Stationen werden Naturphänomene wie Schwerkraft, Gleichgewicht, Licht und Finsternis, Schallwellen und vieles andere im Sinne des entdeckenden Lernens nähergebracht. Die Stationen und Gerätschaften in der altehrwürdigen Villa und die Installationen im romantischen Garten fordern immer wieder die Sinne heraus und stellen menschliche Gewohnheiten in Frage. Die Fühlstraße im Wald und die Lauftrommeln und Balancierscheiben versprechen nicht nur jede Menge Spaß, sondern auch immer akrobatische Abenteuer. Andere Stationen, wie das Labyrinth, erwarten die kleinen und großen Entdecker auf dem weitangelegten Gelände. Im Haus versprechen die „ungewöhnlichen Musikinstrumente" wie die Gewürzorgel akustische Erfahrungen der ganz anderen Art. Ein Highlight ist und bleibt die „Dunkelbar": In einem Raum, schwärzer als die Nacht, werdet ihr zur Verkostung von Obstsäften gebeten. Eine gustatorische, motorische und haptische Herausforderung mit großem Spaß- und Lernfaktor!

Freudenbergstraße 224-226 · 65201 Wiesbaden
Tel. 0611/4110141 · www.schlossfreudenberg.de

Neroberg · 65193 Wiesbaden

Walderlebnispfad

Die Natur samt Wald mit allen Sinnen erleben, auf Entdeckungs-reise durch urwaldige Dickichte gehen – das können Familien mit Kindern am besten entlang des Erlebnispfades am Neroberg. Auf dem 3,3 km oder 2,3 km langen Rundweg mit wahlweise 16 oder 12 Stationen kann man sehen, füh-len, entdecken und das eine oder andere Mal auch staunen – oder habt ihr schon mal ins Innere eines Spechthotels geblickt? So lässt sich das Ökosystem Wald spielend erkunden. Für die Wis-senshungrigen gibt es zusätzliche Informationstafeln.

Unterstützung bekommt ihr vom Räu-ber Leichtweiß, der an den Informationsta-feln den Weg weist – der Legende zufolge soll er sich nämlich in der Leichtweißhöhle (ein wenig abseits des Pfa-des zu besichtigen) vor seinen Verfolgern versteckt haben.

Feste feiern

Folgende Veranstaltungen sollten auf jeden Fall einen festen Platz in eurem Terminkalender haben.

Das Theatrium, von den Wiesbadenern auch liebevoll „Wilhelm-straßenfest" genannt, wartet seit 1977 traditionell am zweiten Juni-Wochenende mit einem umfangreichen Programm rund um die „Rue", die Wilhelmstraße, auf. Zahlreiche musikalische Veranstaltungen, Kunsthandwerk, exklusive kulinarische Highlights, Glamour und viel Flair, Hummer und Champagner, aber auch Currywurst rotweiß zeichnen dieses Fest aus.

Die „längste Weintheke der Welt" finden Weinliebhaber für zehn Tage im August in der Rheingauer Weinwoche. Der Schlossplatz um die Marktkirche bietet Weine aus dem Rheingau, Wiesbade-ner Weine, prämierte Sekte und gastronomische Leckereien für jeden Geschmack. Ein abwechslungsreiches musikalisches Programm macht dieses Weinfest zu einem der geselligsten ganz Deutschlands. Die Stadt ist im Ausnahmezustand.

Ab Ende November bietet der Sternschnuppenmarkt auf dem Marktplatz eine zauberhafte Kulisse: Lichterketten in Form der Wiesbadener Lilien, ein reich geschmückter Weihnachtsbaum und in den Stadtfarben bemalte Stände verleihen diesem Markt etwas Märchenhaftes. Mit dem Duft von Lebkuchen, gebrannten Mandeln, Glühwein und anderen weihnachtlichen Aromen fühlt man sich fast wieder wie als Kind im „Winter-Wunderland".

Stadtführungen

Wiesbaden hat eine ganze Reihe an abwechslungsreichen Stadt-
führungen und Rundfahrten anzubieten, die gute Gelegenhei-
ten bieten, die vielfältigen Facetten dieser Stadt kennenzulernen
und über Wiesbaden-Tourismus gebucht werden können.

Eine unvergessliche Stadtführung erlebt ihr mit einer Segway-
Tour (näheres unter www.segtours-wiesbaden.de) durch Wiesbaden. In kürzester Zeit zu den Top-Highlights und den schönsten
Plätzen: vom Marktplatz zum Neroberg und bis zum Kurpark –
bequem und ganz ohne körperliche Anstrengung.

Immer größerer Beliebtheit erfreuen sich aber auch Touren, bei
denen man besondere Stadtviertel kulinarisch erkunden kann.
Auf der Führung „eat the world" erhält man Kostproben aus
nationalen und internationalen Küchen, mal traditionell, mal

exotisch, mal deftig-herzhaft oder süß – da ist für jede Nasch-katze etwas dabei! (www.eat-the-world.com)

Nebenher lockern kleine Kunst- und Kulturhäppchen oder Anckdoten aus der Stadtgeschichte den Spaziergang auf.

Spaß für Jung und Alt verspricht eine Rundfahrt mit der kleinen Stadtbahn THermine (www.thermine.de). Wie wäre es, die Stadt mal als Lukas der Lokomotivführer in einer 1,5-stündigen Rundfahrt vom Marktplatz bis zur Russischen Kapelle zu erkunden? Sieben Mal täglich (um 10, 11, 12, 13.30, 14.30, 15.30 und 16.30 Uhr) an den interessantesten Sehenswürdigkeiten vorbei erfährt man einiges Geschichtliches, aber auch die eine oder andere Geschichte.

Film- und TV-Krimistadt Wiesbaden

In den ersten Folgen der Serie „Ein Fall für Zwei" tauchten noch häufig locations in Wiesbaden auf. Das änderte sich später, die beiden Helden waren mehr und mehr in Frankfurt und Umgebung unterwegs.

Seit 2005 wird in Wiesbaden die erfolgreiche Serie „Der Staatsanwalt" gedreht. Bekannte Einspielungen sind zum Beispiel das Rathaus, die Marktkirche und andere markante und bekannte Schauplätze. Auch einige Tatort-Folgen mit Drehorten in Wiesbaden und Umgebung wurden ausgestrahlt, bekannt wurde der Wiesbaden-Tatort mit LKA- Ermittler Murot (Ulrich Tukur) durch die mit dem Grimme-Preis ausgezeichnete Folge „Im Schmerz geboren", in dem besonders eindringliche Szenen am Kurhaus spielen.

Seit 2014 klärt „Kommissarin Heller" auf eigenwillige Weise in Wiesbaden und den Rheingauer Weinbergen ihre Fälle, viele Außenaufnahmen sind von Wiesbadener Orten. Ein Erkennungszeichen ist der Blick vom Neroberg und dem Opelbad über die Stadt; die Rhein-Main-Hochschule am Kurt-Schuhmacher-Ring wurde kurzerhand zum Polizeipräsidium.

Bei Führungen unter dem Motto „Von ‚Klein-Hollywood' zu Staatsanwalt und Tatort" werden Drehorte alter Filme bis hin zu aktuellen Produktionen besucht. (Näheres unter www.wiesbaden.de)

Wissenswertes

Wiesbaden in Zahlen

(Quelle: Stadt Wiesbaden, Statistisches Jahrbuch 2015)

Einwohnerzahl (31.12.2015) 284.620
Unter den Städten Deutschlands an Stelle 23

Geografische Daten
Gebietsfläche 20.385 ha
Unter den Städten Deutschlands an Stelle 76

Marktkirche
50° 04' 56'' nördliche Breite
08° 14' 34'' östliche Länge

Höhe über NN
Höchster Punkt 608 m

Tiefster Punkt
83 m (Hafeneinfahrt Schierstein)
115 m (Innenstadt/Schlossplatz)

Höchstes Gebäude
Marktkirche (Hauptturm 98 m)

Entfernungen
Mainz 12 km
Frankfurt-Zentrum 40 km
Frankfurt–Airport (FRA) 32 km

Anreise

Auto
Mit dem Auto gut zu erreichen über A66 (Frankfurt/Rheingau), A643, A671, L455 (Berliner Straße), L262 (Schiersteiner Straße)

Fernbus
Der Wiesbadener Busbahnhof neben dem Hauptbahnhof wird von verschiedenen Fernbusunternehmen aus über 30 Städten angesteuert.

Zug
ICE-Anbindung an viele ICE-Linien; Anbindung an die S-Bahn Rhein-Main

Flugzeug
Frankfurt Airport (FRA) wird von allen großen Städten Deutschlands, von den europäischen und den meisten internationalen Linien mehrmals täglich angeflogen. Vom Flughafen verkehren mehrmals in der Stunde S-Bahn-Züge nach Wiesbaden.

Nützliche Tipps

Tourist Information Center

Marktplatz 1 · 65183 Wiesbaden · Tel. 0611/1729-930
Öffnungszeiten: Mo. – Fr. 10 – 18 Uhr, Sa. 10 – 15 Uhr
www.wiesbaden.de/tourismus

Eine Dependance befindet sich im *Gläsernen Kiosk* auf dem Vorplatz des Hauptbahnhofs, neben den Bushaltestellen.

Öffnungszeiten: Mo. – Fr. 6 – 20 Uhr, Sa. 10 – 17.30 Uhr.

Aktuelles zu und über Wiesbaden in www.wiesbadenaktuell.de

Stadtbesichtigungen

Die Innenstadt Wiesbadens ist gut zu Fuß zu erkunden. Mit einem Stadtplan, erhältlich beim Tourist Information Center, und mit der kostenlosen Smartphone App „Wiesbaden +" seid ihr gut gerüstet. Über diese App sind Informationsportale erreichbar und man findet Übersichten über Veranstaltungen, Parkhäuser mit der jeweiligen Anzahl freier Plätze, Sehenswürdigkeiten und die Führung „Kulturpfad Wiesbaden".

Die Erkundung der Stadt mit dem Bus ist die herkömmlichste Art. Ein (interaktiver) Netzplan der Busverbindungen und Fahrpläne der Städtischen ESWE stehen online unter www.netzplan-wiesbaden.de zum Download bereit. Hier ist ebenfalls eine kostenlose App über Verbindungen und Abfahrtszeiten erhältlich. Die App gibt auch Live-Auskunft über Abfahrtszeiten der Busse.

Über die Ermittlung des eigenen Standorts kann problemlos die nächstgelegene Haltestelle gefunden werden.

Gut zu wissen…

Die nördliche Säulenhalle des Kurhauses, die das „Kleine Spiel" beherbergt, ist mit 129 Säulen die längste Säulenhalle Europas.

Wiesbaden gilt als die „papageienfreundlichste Stadt Hessens"! Etwa 1.500 Alexander- und Halsbandsittiche finden sich tagtäglich im Biebricher Schlosspark ein. Die kleinen gefiederten Freunde sind eine wahre Augenweide und richtiger Ohrenschmaus – ein Besuch im Park lohnt allemal.

(Weitere interessante Wiesbadener Rekorde unter www.wiesbaden.de)

Sehenswertes in der Umgebung

- Biebricher Schloss und Park: bedeutendes Barockschloss in einem schönen englischen Landschaftsgarten; Austragungsort des Internationalen Wiesbadener Pfingstturniers, einem der bedeutendsten Reitturniere der Welt
- Schiersteiner Hafen mit Rheinufer: pures Naherholungsgebiet
- Henkell-Sektkellerei: Führungen und Shop
- Jagdschloss Platte, Restaurant
- Nordfriedhof: sehenswerte Grabarchitektur
- Als Tipp für Sommerreisende: die Frauensteiner Kirschen kosten

Persönliche Best-of-Adressen:

Bildnachweis

Alle Bilder in diesem Buch stammen von Hartmut Heinemann, außer:

S. 16, 28 unten, 29 unten: mondofino Betriebs GmbH
S. 20 unten: H. Lowell
S. 38, 39: Dale's Cake
S. 52: Les Deux Dienstbach
S. 96, 98/99: Burning Love
S. 102: Delight
S. 113: Luxusperle
S. 137: Stadt Wiesbaden, Fotografin: Barbara Staubach
S. 154, 155: Spielbank Wiesbaden GmbH
S. 159: Velvets Theater
S. 163: Stadt Wiesbaden, Fotograf: Schlote
S. 181 unten, 182/183: M. Schenk/B. Dastis Schenk
S. 186, 188 unten: Wiesbaden Marketing GmbH
S. 189: Wiesbaden Marketing GmbH, Fotograf: Oliver Hebel
S. 191: Andreas P. Wagner

Wir haben uns bemüht, die Inhaber der Urheber- und Nutzungsrechte für die Abbildungen zu ermitteln und deren Veröffentlichungsgenehmigung einzuholen. Falls dies in einzelnen Fällen nicht gelungen sein sollte, bitten wir die Inhaber der Rechte, sich an den Verlag zu wenden. Berechtigte Ansprüche werden selbstverständlich abgegolten.